Elmar Gruber

Bilder in mir

Symbolbetrachtungen

DON BOSCO

Die Deutsche Bibliothek – CIP-Einheitsaufnahme

Gruber, Elmar:
Bilder in mir : Symbolbetrachtungen / Elmar Gruber. –
2. Aufl. – München : Don Bosco, 1998
  ISBN 3-7698-1009-0 Gb.

2. Auflage 1998 / ISBN 3-7698-1009-0
© 1997 Don Bosco Verlag, München
Umschlag und Layout: Felix Weinold
Fotos: Elmar Gruber, Ivo Křižan
© impuls studio gmbh, München
Satz: Fotosatz Miehle, Augsburg
Druck und Bindearbeiten: Druckerei Gebr. Bremberger KG, München

INHALT

Vorwort	6
Das Leben erleben – Das Leben haben	6
Zur Beschäftigung mit Bildmeditationen	8
So ist das Leben	9
Sinn des Lebens	9
Mit Hindernissen leben	15
Lieben – Sterben – Leben	23
Leben heißt in Beziehung sein	31
Eine Mitte haben	31
Gut dran sein	40
Was kann, was muß ich tun, um zu leben?	49
Sich entscheiden	49
Sich öffnen	63
Lebensprobleme	70
Gut und Böse	70
Gerechtigkeit und Liebe	80
Vertrauen	91
Sorget nicht	91
Leiden können	99
Mit dem Kreuz leben	107
Halt finden	117
Harmonie, Selbstfindung, Erlösung	125
Zufrieden sein	125
Glücklich werden	135
All-eins-sein	144
Hinweis auf die Dia-Meditationen	154

Vorwort

Das Leben erleben – Das Leben haben

Viele Menschen begnügen sich damit, „etwas" zu haben vom Leben, oder etwas zu erreichen im Leben, und so bringen sie sich um das Leben selbst. Das unzerstörbare Leben ist der Sinn unseres vergänglichen Daseins. Wer dorthin gelangt – wenn auch nur „anfanghaft", verliert alle Lebensangst und Todesangst (beides ist ja dasselbe!). Um das Leben zu erlangen, muß man selbst leben. Es gibt viele Lebenshilfen, Gebote, Verbote, Regeln, Lehren, Weisheiten; aber es gibt keine Lehre und keine Religion, die mich davon befreit, selbst zu leben und die Verantwortung für mein Leben letztlich allein und selbst zu tragen. Ich muß das Leben wagen nach meinen Einsichten und Erfahrungen, sonst wird es nicht „mein" Leben; sonst werde ich nicht ich. Die biblische Geschichte vom „verlorenen Sohn" (Lk 15) zeigt, daß auch ein verwahrlostes Leben zum Ziel führen kann, wenn es selbstverantwortlich gelebt wird. Das Leben selbst ist absolut wahr. Man kann das Leben und auch sich selbst letztlich nicht betrügen. Für jeden kommt irgendwann, wenn auch für viele erst im Tod, die Stunde der Wahrheit, in der jeder mit sich selbst (mit dem wahren Leben, mit Gott) unausweichlich konfrontiert wird. Diese „Bekehrung" ist zutiefst die Begegnung mit sich selbst, in der die Spannung („Schuld") zwischen dem Sein-Sollenden und Nicht-Sein-Sollenden erfahren wird. Die biblische Geschichte vom verlorenen Sohn beschreibt diesen Punkt ganz schlicht mit dem Satz: „Da ging er in sich." Ich kann das Leben nur erlangen, wenn ich es wage, immer „mein" Leben zu leben mit dem Risiko, daß ich viele Fehler mache und mich immer wieder „bekehren" und ändern muß.

Auch der, der von vornherein alles richtig machen will bzw. streng nach Geboten lebt, wird mit sich selbst konfrontiert und vom Leben (von Gott) total in Frage gestellt. In unserer Geschichte ist es der daheimgebliebene Sohn, der es nicht mehr verstehen und verkraften kann, daß für den heimgekehrten verwahrlosten Bruder ein so großes Fest gefeiert wird. Was im Leben letztlich nur zählt, ist vergebende Liebe und Erbarmen. „Bravsein" allein genügt dazu nicht; andererseits muß ich auch nicht alle Stufen der Verwahrlosung durchmachen, damit mir aufgeht, daß ich auf Liebe und Erbarmen angewiesen bin.

Vorwort

Je mehr und je früher ich Einsichten und Lebenserfahrungen gewinnen kann, desto mehr bleiben mir Umwege und Irrwege auf dem Weg zum Leben erspart. Auch wenn mir kein Lebensberater seine Einsichten und Erfahrungen übertragen und einspeisen kann, so kann er mir doch helfend beistehen, indem er mir Impulse gibt, die mir zu eigenen Einsichten und Erfahrungen verhelfen.

Lebenswahrheiten können nicht doziert und vordemonstriert werden; sie können auch nicht durch Druck und Drohung erzwungen werden. Sie müssen möglichst absichtslos gezeigt werden, damit ich mich selbst überzeugen kann und aus eigener Überzeugung leben lerne.

Lebenswahrheit wird zunächst nicht mit dem Verstand erschlossen; sie muß mir und in mir „aufgehen". Ich muß (mir) das Leben „er-leben". Und dies geschieht durch Bilder, Zeichen und Symbole. Sie vermitteln die unsichtbaren ewigen Wahrheiten und Wirklichkeiten des Lebens über die Sinne und über die innere Erlebniskraft (Phantasie, Vorstellungskraft) des Menschen. Alle sinnenhaften Geschöpfe, Gegenstände und Vorgänge des Lebens sind im Guten wie im Bösen „lebensträchtig" und können Symbole werden, die mir zur Lebenserfahrung und zur Gewinnung von Lebenswahrheit verhelfen.

Dieses Buch will mit seinen Bilder- und Symbol-Meditationen ein Beitrag zur Lebenshilfe und Lebensberatung sein. Die hier vorliegenden Bildermeditationen wurden bereits als Dia-Meditationen im impuls studio München veröffentlicht. (Den im Anhang aufgelisteten Bildmeditationen wurden Nummern beigefügt, die auf das Verzeichnis der Dia-Meditationen verweisen.) Durch die Zusammenfassung mehrerer Bildermeditationen in diesem Buch sollen die Anregungen einem weiteren Interessentenkreis zugänglich gemacht werden, als dies durch die einzelnen Dia-Meditationen möglich ist, die vor allem für den Einsatz in Gruppen gedacht sind. Die Texte der Dia-Meditationen wurden für das vorliegende Buch überarbeitet, teils übernommen und teils ganz neu erstellt.

*Das Glück
ist kein Verdienst;
es ist ein Geschenk des Lebens,
das dem zuteil wird,
der dem Leben dient,
ohne zu berechnen.*

Vorwort

Zur Beschäftigung mit Bildmeditationen

1. Sich Zeit nehmen, sich Zeit lassen.
   Gegenstände, Bilder, Symbole, Worte brauchen Zeit zum Einwirken.

2. Nach Möglichkeit sich die abgebildeten Gegenstände besorgen für eine naturale Gegenstandsmeditation. „Foto-grafieren" (nicht „Knipsen"!) ist auch eine gute Weise der Meditation.

3. Absichtslos werden („abschalten") und sich Dingen, Bildern, Symbolen und Worten aussetzen. Offen sein für das, was kommt. (Wenn ich bestimme, daß etwas kommt, und was kommen soll, kann nichts mehr „von selbst" kommen.)
   Das Absichtslos-Werden und Sich-Aussetzen einüben (wenn möglich durch Entspannungsübungen).

4. Nicht enttäuscht sein, wenn – besonders am Anfang – noch nichts „kommt" und „aufgeht".

5. Immer wieder die Augen schließen (vgl. das Wort „myein" = Augen schließen, „Mystik") und beobachten, was von den äußeren Sinnesgestalten in meine innere Erlebniswelt eingeht – bis ich „im Bilde bin". Auf alles achten, was mir „einfällt" und „aufgeht", auf alles, was „mir kommt".

6. Dem inneren Erleben Ausdruck verleihen durch Malen, Erzählen, Musizieren, Aufschreiben, pantomimisches Darstellen und andere gestalterische Mittel und Möglichkeiten. (Solche Übungen sind sehr geeignet für die Gruppenarbeit.)

7. Wiederholung führt in die Tiefe.
   Symbole und Bilder erschließen sich, wenn man mit ihnen lebt. Wenige Symbole und Bilder *viel* meditiert vermitteln mehr als viele Symbole und Bilder *wenig* meditiert.

SINN DES LEBENS

So ist das Leben

Einführung

Die Frage nach dem Lebenssinn quält fast alle Menschen. Diese Bilder-Meditation geht darauf ein, indem sie aufzeigt, daß alles im Leben ein Kommen und ein Gehen, ein Werden und Vergehen ist. Alles ist „Knospe" zu neuem Leben – auch Leid und Tod.

Viktor Frankl, der Begründer der dritten Wiener Schule der Psychologie nennt seine Therapie „Logotherapie", das heißt Heilung durch Sinnfindung. Der Sinn des Lebens, also das Leben selbst, ist da; wir finden es vor. Man kann Sinn nicht „machen"; man muß ihn finden, indem man das Leben selbst findet. Das Leben selbst heilt das Leben, „unser" Leben!

Die Sinnfrage des Lebens („Wozu, warum lebt man eigentlich?") quält immer – mit verschiedenen Akzenten, mit verschiedener Dringlichkeit, je nach Lebenssituation. Sie quält, weil sie noch nie eine befriedigende Antwort gefunden hat. Auf die Frage nach dem Sinn des Lebens kann es aber auch keine Antwort geben, weil es eigentlich die Frage selbst gar nicht gibt.

Natürlich fragen die Menschen immer nach dem Sinn des Lebens, ihres Lebens; aber diese Frage offenbart kein „Sinn-Problem", sondern ein Lebensproblem. Die Frage nach dem Sinn des Lebens, genauer: das Fragen-Müssen nach dem Lebenssinn zeigt an, wie wenig Leben wir erst erfahren haben, wie wenig im Leben wir sind, wie wenig glücklich wir sind. Wenn es einen Menschen gäbe, der ganz im Leben ist, könnte er diese Frage nicht mehr stellen. Das Problem ist also nicht: „Was ist der Sinn des Lebens", sondern: „Wie komme ich dahin, daß ich diese Frage nicht mehr (wenigstens nicht mehr mit so viel Verzweiflung und Resignation) stellen muß".

Das eigentliche Leben ist nichts Biologisches! In unserem Körper und mit unserem Körper können wir Leben er-leben. Aber Leben ist mehr als Funktionieren! Wenn wir uns an die (vielleicht sehr wenigen) Augenblicke unseres Lebens erinnern, in denen wir das Glück (also das Leben selbst) ganz tief empfunden haben, dann erinnern wir uns auch daran, daß wir in diesen Augenblicken die Frage nach dem Sinn (des Lebens,

Das Leben hat keinen Sinn, weil es Sinn ist

So ist das Leben

SINN DES LEBENS

des Glücks) nicht stellten, weil wir sie in diesen Augenblicken nicht mehr stellen konnten, durften und mußten. Die Frage war nicht „beantwortet", sondern einfach verschwunden, aufgelöst, eingeschmolzen im Leben selbst. In diesen Augenblicken haben wir erfahren, daß dies mehr ist als alles andere, als alle Vorgänge und Gegenstände, die Sinn und Zweck haben müssen.

Ins Leben kommen

Wenn wir genügend ins Leben kämen, hätten wir keine Fragen mehr, wären wir „im Himmel". Wenn die Frage nach dem Sinn des Lebens zur Ruhe gekommen ist, ist auch die Frage nach dem Sinn von Sterben und Tod mit zur Ruhe gekommen. (Das Todesproblem ist ja der Hauptanteil der Sinnfrage des Lebens.)

Aber wie gelangt man dorthin? Man kann sich (aus eigener Leistung) nicht selbst ins Leben bringen. Man kann nur versuchen, sich immer wieder – wenigstens ein bißchen – vom Leben ergreifen zu lassen, um dadurch froher und freier zu werden. Möglichkeiten dafür gibt es viele.

– Für manche Menschen ist es das Erleben der Kunst.
  Kunst ist „Künden", Offenbarwerden von Leben. Kunst ist um so besser, je unmittelbarer und ergreifender in ihr Leben vorkommt.

– Im gesamten Evangelium kommt Leben vor als das unbedingte Geliebt-Sein des Menschen von Gott. Dies ist die deutlichste und eindeutigste Offenbarung von Leben.

– Aber auch in allem Lebendigen, in allem, was Sein hat, können wir dessen gewahr werden, was Leben eigentlich ist. Und indem wir dessen gewahr werden, kommen wir bereits ins Leben.

In der folgenden Löwenzahn-Meditation soll uns der Löwenzahn „in die Sinne kommen", damit uns dabei ein wenig aufgeht, was Leben eigentlich ist. Alles Werden und Vergehen ist letztlich immer: Leben.

So ist das Leben
SINN DES LEBENS

1. Bild: Löwenzahnwiese

Löwenzahn:
häufig, und jeder ist einmalig.
So viele, daß man ihn Unkraut nennt.
Häufigkeit macht blind für das Einmalige.

Und doch zeigt die Häufigkeit,
wie viel Einmaliges es gibt.

Milliarden Menschen –
viele, sehr viele –,
und jeder ist einmalig.

Alle sind einer,
alle sind in jedem
und jeder ist in allen.

Für das Leben – für Gott –
ist jeder einzelne
unverzichtbar wichtig:

Es ist immer gut,
daß es dich gibt.

2. Bild: Knospe

Grün – lauter Grün.
Voller Spannung:
man sieht, wo das Grün platzen wird,
wo die Knospe aufgehen wird.

Wir wissen schon,
was herauskommt,
und doch sind wir selbst gespannt:
Jede Knospe
wird eine neue einmalige Blüte.

Knospe:
gespannt,
spannend,
voller Zukunft.

Jeder Augenblick
ist eine Knospe.
Das ganze Leben
ist immer neu: Knospe,
voller Spannung.

So ist das Leben
SINN DES LEBENS

3. Bild: Blüte, fast offen

Offen –
und in der Mitte noch Knospe.
Viele Blütenblättchen
sind noch unentfaltet.

Aus der Nähe
können alle mein Gelb sehen,
meine Blüte riechen,
streicheln,
meinen Honig schmecken.

Dann wissen alle,
wer ich bin,
was ich bin.

Lerne mich kennen,
dann kann ich
dein Freund werden.

4. Bild: Blüte, ganz offen

Ich bin ganz offen jetzt:
Alles hab ich aufgemacht,
hergegeben.
Kein Knösplein,
keine Reserve mehr
in meiner Mitte.

Ob es richtig war,
mich so ganz herzugeben?
Meine Farbe,
mein Honig,
mein Charme
sind sehr flüchtig.
Wer gibt *mir* etwas,
wenn ich jetzt nichts mehr haben
werde und verausgabt bin?

So ist das Leben
SINN DES LEBENS

5. Bild:
Verblühter Löwenzahn

Verblüht.
Muß ich jetzt sterben?

An meinen dunkelgelben Spitzen
sieht man noch, wie gelb ich war.

Keine Blüte mehr,
aber wieder Knospe,
ganz neu und anders.

Traurig –
wer nur denkt,
was nicht mehr ist,
und die neue Spannung
noch nicht erkennt.

6. Bild: Samenball

Die Hoffnung,
daß immer etwas rauskommt,
aufgeht,
weitergeht,
wird nie enttäuscht!

Man darf das Neue
nicht im Gestern suchen!

Tod ist immer Gestern –
Heute ist immer Leben!

Das Unvergängliche entsteht,
wenn das Vergängliche vergeht.

So ist das Leben
SINN DES LEBENS

7. Bild: Samenball „verklärt"

Nun bin ich weiß geworden.
Die feinen Fäden schimmern
voll von Licht.

Das satte, pralle Gelb
ist leicht, licht geworden.

Ein Teil von mir
ist schon davongeflogen:
Und was ich bin,
wird immer wieder aufgehen.

Vergänglich ist die Weise
der Verwirklichung;
das Verwirklichte
bleibt „wirklich" – unvergänglich.

Das Vergangene vergeht nicht;
es kommt immer wieder neu.

8. Bild: Leerer Fruchtstand

Nun ist alles fort.
Und dies hier – wird verfaulen.

Muß ich jetzt fragen:
Warum? –

Warum? –
so fragt kein Löwenzahn!

Das Leben lebt,
das ist sein Sinn,
und dann ist alles Knospe.

Und wenn die hier aufgeht
in Staub und Erde,
dann bleibe ich
ein Löwenzahn!

So ist das Leben
MIT HINDERNISSEN LEBEN

Einführung

In unserem Leben stoßen wir immer wieder auf Hindernisse. Manchmal meinen wir, nicht mehr weiter zu können. Wir resignieren. – In dieser Bilder-Meditation über einen Holunderstrauch, der durch ein Gitter wächst, wird uns jedoch gezeigt, wie scheinbar undurchdringliche Hindernisse überwunden werden können. Wir müssen nur Vertrauen in die volle Kraft des Lebens haben.

Hindernisse gehören zum Leben. In allen Hindernissen steckt Lebenskraft: die Kraft der Provokation. Hindernisse setzen Lebenskräfte frei – und die Kraft des Lebens erweist sich an den Hindernissen. Möglichkeit und Hindernis verhalten sich wie Druck und Gegendruck, wie Plus und Minus. Das eine braucht das andere, um sinnvoll zu existieren.

Die Hindernisse in meinem Leben mobilisieren zunächst alle Kräfte, mit denen ich die Hindernisse zu beseitigen versuche. Wenn das nicht mehr gelingt, mobilisieren sie die Kraft, daß ich mit ihnen leben lerne. „Was mich nicht umbringt, macht mich stärker" (Nietzsche). Ohne Hindernisse und Widerstände könnte kein Mensch sich selbst und sein „Selbst" verwirklichen. Lebensfähigkeit ist wesentlich Standfähigkeit und Widerstandsfähigkeit. Ich kann nur im Guten bestehen, sofern ich dem Bösen widerstehen kann. Widerstandsfähigkeit kann und muß gelernt werden durch „Widersteh-Übungen", durch Verzichten, Fasten, Sich-Enthalten. – Wer durch eine Erziehung ohne Grenzen nur nach Lust und Laune zu leben gelernt hat, wird schon von geringen Belastungen des Lebens überfordert. – Die Glücksfähigkeit eines Menschen ist untrennbar verbunden mit seiner Belastbarkeit. Durch Bequemlichkeit und Selbstverwöhnung können objektiv kleine Leiden subjektiv unerträglich werden.

Letztlich stecken alle Hindernisse in uns selbst: Wir selbst sind uns das größte Hindernis. Von außen kommen nicht die Hindernisse, sondern deren Aufdeckung – die Aufdeckung noch nicht entwickelter Fähigkeiten.

Hindernisse bewirken in jedem Fall Veränderung: Entweder ich muß *etwas* ändern in meinem Leben oder ich muß *mich* selbst ändern. Im Leidensdruck wird die Kraft zur Veränderung freigesetzt. Jedes Hindernis ist ein Signal des Lebens an mich ganz persönlich, ein Wink von Gott, meinem Schöpfer, dessen Liebe ich nicht an meiner Bequemlichkeit messen darf.

So ist das Leben
MIT HINDERNISSEN LEBEN

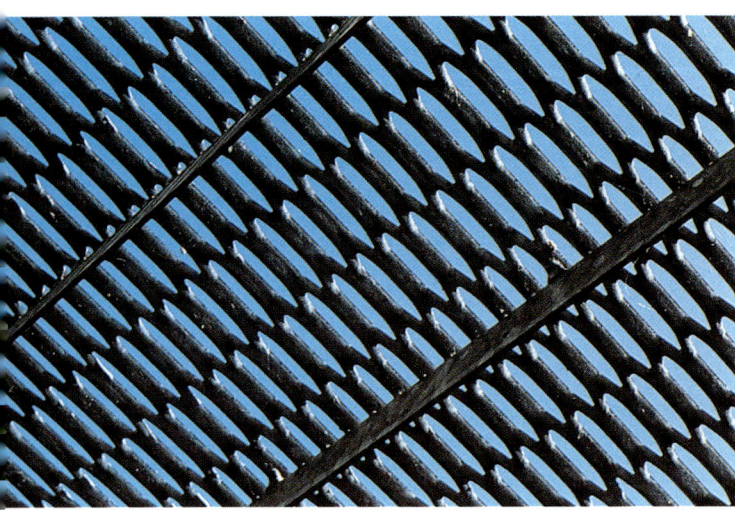

1. Bild: Gitter

Wir sind eingeschlossen.
Überall gibt es Grenzen,
Hindernisse:
zu wenig Geld,
zu wenig Glück,
zu wenig Begabung,
zu wenig Gesundheit,
zu wenig Möglichkeiten,
zu wenig Freiheit.

Überall gibt es
Gebote, Gesetze, Forderungen,
Weisungen:
Du mußt,
du sollst,
du kannst nicht,
du darfst nicht.
Wer sagt schon einmal ja zu mir,
ohne das Aber folgen zu lassen!

Überall setzt man Bedingungen:
Wenn du das nicht tust,
dann wirst du nicht …

Überall stoßen wir auf Zäune,
Gitter.

Gibt es überhaupt ein Leben
ohne Grenzen, ohne Hindernisse,
gibt es ein ganz freies Leben?

Oder ist das Leben nur da,
um uns zu quälen,
um uns spüren zu lassen,
wie eingesperrt wir sind?

So ist das Leben
MIT HINDERNISSEN LEBEN

2. Bild: Ein Trieb wächst an das Gitter

Ein Trieb stößt an das Gitter.
Wird das Gitter weichen? –
Wird er das Gitter sprengen?
Wird er sterben?
Wird er sich krümmen und
verkümmern?
Gibt es für diesen Trieb
nur ein Leben hinter diesem
Gitter?
Oder gibt es Freiheit für dieses
Leben?

Der Traum vom großen, freien
Leben
stirbt genau an der Stelle,
wo einer nicht mehr weiter kann.
Hier muß sich etwas ändern.

Nun ist die Frage:
Liegt das Glück, das Leben,
hinter den Hindernissen,
auf die wir immer stoßen?

Können wir die Hindernisse
beseitigen?
Was ist, wenn wir die Hindernisse
nicht beseitigen können?

Oder ist das Glück gerade dort,
wo wir stehen,
wo wir es nicht suchen und
vermuten?

Suchen wir das Leben vielleicht
dort,
wo es nach unseren bisherigen
Vorstellungen sein müßte,
und nicht dort, wo es ist,
wo es vorkommt:
in uns selbst?

Müssen wir etwas ändern in
unserem Leben,
oder müssen wir uns selbst,
unser Leben ändern,
oder beides?

So ist das Leben

MIT HINDERNISSEN LEBEN

3. Bild: Der Trieb durchwächst das Gitter

Der Trieb ist durch-gewachsen.
Der Sproß hat sich durch das
Gitter gezwängt.
Er hat im Hindernis eine Ritze
entdeckt,
ein kleines Loch:
Da hat er es versucht
und ist hineingewachsen.

Er weiß noch nicht,
ob diese kleine Ritze genügt
zum Leben,
zum Weiterleben.
Er riskiert es, er wagt es,
er vertraut.

Die kleinen Löcher und Ritzen
gibt es auch in den Hindernissen
und Mauern
unseres Lebens.
Wir schätzen sie aber zu
gering ein.
Wir wagen es nicht,
durch diese kleinen Löcher
durchzuwachsen.
Wir haben zu wenig Vertrauen
und sagen von vornherein:
Es geht nicht.
Weil wir resignieren,
kann das nicht geschehen,
was dem Holunderschößling
gelingt:
Er kommt durch!

So ist das Leben
MIT HINDERNISSEN LEBEN

4. Bild: Drei Holunderstämme

Der Holundertrieb
ist nicht nur durchgekommen;
er ist weitergewachsen.
Nach Jahren hat sich ein Stamm
gebildet.
Er hat das Gitter umwachsen,
völlig durchwachsen,
ganz in sich aufgenommen.

Das Unglaubliche ist geschehen:
Das Gitter, das Hindernis,
ist ein Bestandteil des Stammes
geworden.
Es stützt den Stamm,
es macht ihn standhaft, standfest.

Die gefährlichste Stelle
ist die stärkste Stelle für den
Strauch geworden.
Würde einer jetzt das Hindernis
entfernen,
würde er das ganze Leben des
Strauches zerstören.

Frei und vollkommen
ist das Leben nicht dort,
wo jede Behinderung
ausgeräumt ist,
sondern dort,
wo die Behinderung durchwachsen,
Bestandteil des Lebens
geworden ist.

So ist das Leben
MIT HINDERNISSEN LEBEN

5. Bild: Holunderstrauch

Wer sieht diesem
Holunderstrauch an,
daß er durch ein enges Gitter
gewachsen ist?
Wer würde vermuten,
daß gerade das Hindernis
seines Lebens
sein Halt geworden ist?

Vielleicht ist jedes Gitter,
jedes Hindernis, jedes Leid
ein Anruf zum Durchwachsen,
zum Weiterwachsen?
Wahrscheinlich werden auch wir
unseres Glücks und unseres
Lebens erst dann inne,
wenn wir erfahren,
daß wir Leid tragen und ertragen
können.
Leid tragen ist ja die
Überwindung des Leids.

Leid quält den,
der es noch nicht tragen kann
oder will.
Wer Leid tragen kann,
den drückt es nicht mehr,
den trägt es.

6. Bild: Blüte

Wer sein Leben im Vertrauen
riskiert,
wer das Widerwärtige
durchstößt,
wer das Risiko des Leidens
auf sich nimmt,
– der kommt zum Blühen.

Wer aber ängstlich
allem Widrigen, dem Unmöglich-
Scheinenden, dem Risiko
aus dem Wege geht,
– der verliert sein Leben.

So ist das Leben
MIT HINDERNISSEN LEBEN

7. Bild: Frucht

Die Reife und die Fülle
des Lebens
wird sichtbar in der Frucht:
Sie ist Nahrung für Vögel
und Menschen.
Jede Beere ist aber auch ein
Same.
Und jeder Same ist ein
neuer Strauch.
Dies alles ist nur möglich,
weil der Holunder nicht
kapituliert hat.

Niemand bewältigt seine
Hindernisse nur für sich.
Niemand trägt Leid nur für sich.
Wer vieles durchgemacht hat
in seinem Leben,
wird standfest;
er kann vielen anderen
Hoffnung, Kraft und Halt geben.
Wer selbst durchgekommen ist,
kann anderen den Weg zeigen,
wo auch sie durchkommen
können.

So ist das Leben

MIT HINDERNISSEN LEBEN

8. Bild: Licht durchstrahlt das Gitter

Gitter,
Hindernisse,
Leid und Verzweiflung
bedrängen unser Leben.
Aber das Leben, die Lebenskraft
ist größer, stärker.
Das Leben kommt immer wieder
durch.

Wir sind kleingläubig und
glauben es oft nicht;
Wir zweifeln und verzweifeln.
Wir sagen: Ich bin am Ende,

ich kann nicht mehr,
ich mag nicht mehr,
meine Kräfte sind erschöpft,
ich muß hinter meinen Gittern
in meinem Leid verkümmern.

Wer aber Glauben und Vertrauen
hätte wie der Holunder,
würde stark,
käme durch,
käme ins Licht, in die Freiheit.
Denn das Licht des Lebens
zieht uns immer nach oben.

So ist das Leben
LIEBEN – STERBEN – LEBEN

Einführung

Das Leben steht nie still; es ist immer ein „aufgehendes" Leben. Die härtesten Schalen gehen auf, wenn das zart-starke Leben aufgeht. Das Leben braucht den doppelten Dienst der Schalen: Festhalten und Freigeben.

Auch der Egoismus des Menschen enthält eine aktive Kraft, die unverzichtbar ist für das Leben: die Kraft festzuhalten, „fest zu halten". Diese Kraft wirkt aber zerstörend, wenn der passive Kontrast fehlt: die Kraft freizulassen, „frei zu lassen". In der Liebe sind beide Kräfte harmonisch vereint. Diese Weizenkorn-Meditation will dies bewußt machen.

Die Botschaft des Weizenkorns ist dieselbe wie die Botschaft des Ostereis: Schalen müssen hüten, bergen, halten. Aber was die Schalen hüten, bergen, halten, ist stärker als die Schalen; es ist die Kraft des Lebens, die irgendwann aufgeht und die Schalen sprengt. Das Leben ist ein Prozeß, der sich im Spannungsfeld zwischen Verschalung und Entschalung vollzieht. Was zerbricht, ist immer nur die Schale. Es gibt kein Zerbrechen, aus dem nicht Leben schlüpft. Wenn ein Mensch meint, nicht nur etwas, sondern er selbst ist im Leid zerbrochen, hat er die Kraft des Lebens, die nicht ihn, sondern nur eine Schale von ihm zerbrochen hat, noch nicht entdeckt und erspürt.

Das Leben wird immer mehr. Und beim Mehrwerden müssen immer wieder Schalen zerbrechen, die ja von ihrer Aufgabe her gar nicht zum Mitwachsen bestimmt sind. – „Im Tod ist Leben", im Tod der Schale siegt das Leben. „Wenn das Weizenkorn nicht stirbt, bleibt es allein."

Die Angst zu sterben ist für viele Menschen der bestimmende und alles Leben hemmende Hauptinhalt ihres Daseins. Die Angst vor dem körperlichen Tod und dem körperlichen Kranksein ist bei vielen zur seelischen Krankheit geworden, die alle Lebensfreude erstickt. Bisweilen geschieht sogar Selbstmord aus Angst vor dem Sterben: in wilder Panik (die sich auch in „eiskalter" Berechnung darstellen kann) wird der Tod gesetzt, damit man ihn nicht mehr „sterben" muß.

Angst vor dem Tod

Wenn den so leidenden Menschen aufgehen könnte, daß „Leben" mehr ist als die Summe intakter körperlicher und seelischer Vorgänge und daß das körperliche Sterben (und Kranksein) letztlich kein Vernichtungs-, sondern ein Verwandlungsprozeß ist, dann hätte auch für sie der Tod „keinen Stachel" mehr und sie könnten trotz Mißgeschick, Krankheit und Tod (wenigstens ein wenig) froh leben.

So ist das Leben

LIEBEN – STERBEN – LEBEN

Derartige Erkenntnisse („der Tod hat keinen Stachel") kann man auf dem Weg der Vernunft nicht willkürlich einspeisen oder sich anlernen. Solche Einsichten müssen vom Leben selbst kommen und im Leben „wachsen", „aufgehen". Wer sich auf das Weizenkorn einläßt, wer diese Vorgänge nachempfindet und nacherlebt, dem könnte aufgehen, daß auch im Abbau körperlichen Lebens (bios) das eigentliche, unzerstörbare Leben (zoe) aufgebaut wird. Durch solche „gewachsenen", „geschenkten" Einsichten können krankhafte Lebens- bzw. Todesängste überwunden werden. Im Johannesevangelium teilt uns Jesus selbst seine Auferstehungsbotschaft im Weizenkorngleichnis mit. Wir dürfen dieses Gleichnis nicht intellektuell „ausschlachten", sondern einfach nacherleben: Ich bin ein Weizenkorn … falle in die Erde … Was geschieht mit mir? – Ich quelle auf, meine Schale wird gesprengt, ich gehe auf, bekomme Wurzeln, werde grün, komme eigentlich erst zum richtigen Leben … Das, was ich einmal war und in meinem Unverstand krampfhaft habe bleiben wollen, nämlich ein hartes, trockenes, einsames – wenn auch im Haufen, so doch isoliertes – Korn, ist verschwunden, ist zum Leben „durch"-gestorben.

So kann uns das aufgehen, was uns Jesus mit dem Weizenkorn und mit seinem ganzen Leben und Sterben mitteilen wollte: Auferstehung ist das eigentlich Wirkliche, Letzte, Tiefste.

Die Angst in der Liebe

Die Angst vor der Liebe ist im Grunde genau dieselbe Sterbe-Angst. Die Angst vor dem Anders-Werden, vor dem Aufgehen im anderen, vor dem eigentlichen Selbst-Werden, die Aufgabe, den anderen so anzunehmen, wie er ist – diese Angst läßt uns immer wieder erleben, wie sehr das Glück der wahren Liebe verknüpft ist mit Loslassen. Loslassen von altem, von Forderungen, Bedingungen! Loslassen vom „Ego-Ich". Das „Ego-Ich" muß sterben, damit es im Du (und durch das Du) „aufgehen" und „reifen" kann zum echten Selbst, zum wahren, „fruchtbaren" Ich. Das „Ego-Ich" bzw. das, was wir hier darunter verstehen, ist als solches gewiß nicht „schlecht". Es ist die Summe oder die Quelle aller Antriebe und Bedürfnisse, das ganze „Müssen", mit dem jeder Mensch auf diese Welt kommt. Wenn aber dieses „Ich" ichbezogen bleibt und sich nicht in die wahren Wachstums- und Reifungsprozesse der Liebe „fallen läßt", bleibt es „allein", isoliert, sinnlos, eigentlich tot. Hier wird deutlich, inwiefern „leben", „lieben", „sterben" drei Worte für denselben Vorgang sind. Die „Einsicht" des Weizenkorns kann auch hier helfen, daß ein Mensch leichter losläßt, das Egoistische aufgibt, und dadurch aufgeht. Die schwierigen Situationen, in die Liebe, Partnerschaft und Familie geraten, sind dann die „Erde", in der das Leben aufgeht und fruchtbar wird.

So ist das Leben
LIEBEN – STERBEN – LEBEN

1. Bild: Einzelne Körner

Hart.
Klein.
Der Inhalt:
Stärke
und ein winziger Lebenskeim.

Im Korn ist das Leben noch
verschlossen:
unaufgegangen,
konzentriert,
bereit zum Leben,
aber noch nicht lebendig.

Wo einer fühlt:
ich bin eingeschlossen,
gehemmt, nicht frei,
fühlt er sich als Keim,
der leben will
und dazu noch nicht befreit,
erlöst ist.

Menschen haben die Versuchung,
sich selbst zu befreien
und die Lebensprozessse
ausschließlich
selbst zu bestimmen.
Selbsterlösung bringt jedoch kein
Wachstum;
sie führt zur Zerstörung.
Das Leben selbst befreit zum
Leben.
Doch ist mein Beitrag nötig
zu dem, was ich nicht machen
kann.

So ist das Leben
LIEBEN – STERBEN – LEBEN

2. Bild: Erde

Erde,
das Verweste,
das Gewesene,
Stoff, der einmal Leben barg, –
hat jetzt die Kraft,
das ins Korn gesperrte Leben
aufzunehmen und zu lösen.
Körner brauchen Erde,
Feuchtigkeit, Wärme, Nahrung,
Wurzelgrund.

Was leben soll,
muß aufgenommen,
angenommen werden.
Was nicht angenommen wird,
kann nicht wachsen.

3. Bild: Keimendes Korn

Leben keimt, kommt vor,
geht auf, schlägt Wurzeln.
Die feuchte Erde hat das Korn
weich gemacht.
Jetzt ist das Korn noch einmal
reif geworden.

Meine Härte
wird weich:
Ich werde fähig,
aufzumachen und freizugeben.
Ich muß nicht mehr festhalten,
ich kann loslassen,
um aus mir selbst
herauszukommen
und über mich hinauszuwachsen.

So ist das Leben

LIEBEN – STERBEN – LEBEN

4. Bild: Grünes Saatfeld

Leben ist ans Licht gekommen
und wächst ins Licht.
Es ist keinen Augenblick im Stillstand.
Leben kennt immer nur ein Vorwärts.
Im jeweils Neuen
ist alles Alte eingeborgen.
Im Leben – überall im Leben –
geht nie etwas verloren.
In jedem Heute
ist das ganze Gestern
eingeschlossen.
Und jedes Morgen
wird im Heute aufgetan.

Wer im Leben steht,
wer lebt,
wer liebt,
braucht keine Angst zu haben,
etwas zu verlieren.

5. Bild: Pflanze mit leerer Hülle des Korns

Das Korn ist aufgezehrt.
Die leere Hülle wird bald Erde sein.
Alle Stärke
hat das neue Leben
in die Pflanze aufgenommen.

„Ich bin gestorben" heißt:
Ich habe mein Ich
dem Leben hingegeben
und bin dadurch
noch mehr ich selbst geworden.

Grenzen sind gefallen;
Das Alte ist im Neuen
aufgegangen,
ich bin mehr geworden.

So ist das Leben
LIEBEN – STERBEN – LEBEN

6. Bild: Weizenblüte

In voller Kraft
offenbart sich das Leben;
es entfaltet in der Blüte
Ansehen, Pracht und
Herrlichkeit.

Das Glück,
mein Lebensglück
ist das Geschenk des Lebens,
ich kann es nicht machen.
Andererseits ist es auch
der Lohn des Vertrauens,
weil ich vor dem Sterben
in den Sterbeprozessen
meines Lebens,
in den Enttäuschungen
der Liebe,
nicht kapituliert und
aufgegeben habe.

So ist das Leben
LIEBEN – STERBEN – LEBEN

7. Bild: Ähre

Das Grün,
die bunten Farben der Blüten,
der Saftstrom sind dahin:
Ein neues Sterben.

Die äußere Pracht stirbt, vergeht.
Das Leben zieht sich zurück
in neue Körner,
in viele „Verschalungen",
damit es immer wieder neu
und mehr werden kann.

Irdisch betrachtet
ist alles Leben ein Sterben:
Im Herbst stirbt das Leben,
im Frühling der Tod.

Trieb, Gefühl und Lust –
die Hochzeiten des Lebens –
müssen vergehen,
damit die Liebe
immer wieder neu
und mehr werden kann.

So ist das Leben

LIEBEN – STERBEN – LEBEN

8. Bild: Viele Körner

Das Korn hat sich vermehrt.
Wer stirbt,
bringt Frucht, wird mehr.
Wer oft gestorben ist,
den kann der letzte Tod nicht
überraschen;
der weiß:
sterben heißt neu leben.

Die Liebe selbst
stirbt nie;
aus ihr
kommt die Kraft zum Sterben.

EINE MITTE HABEN

Leben heißt in Beziehung sein

Einführung

Mitte ist mehr als nur ein geometrischer Punkt. Punkt und Kreis sind ein Ursymbol, das alles Wirkliche in sich birgt: Punkt ist „nihil in extenso", das heißt, nichts ist in Ausdehnung, Kreis ist „omne in extenso", das heißt, alles ist in Ausdehnung. Der Kreis ist ein „aufgeblasener Punkt". Rad und Stern (also Rad mit unendlichem Durchmesser) sind weitere Symbole, die dem Kreis-Mitte-Phänomen entspringen.

Wenn die Mitte fehlt, gibt es keine Ordnung, keine Orientierung. „Die Wahrheit liegt in der Mitte." Dieser Satz stimmt auch, wenn wir mit „Wahrheit" nicht nur eine stimmige Aussage meinen. Wahrheit ist dort und kommt von dort, wo der Ursprung des Lebens ist. Wenn wir das Leben, das wahre Leben wollen, brauchen wir eine Mitte, die wahre Mitte.

Die Mitte ist der Ursprung aller guten Motive; von ihr gehen die Impulse aus, die uns in Tätigkeit versetzen und unserem Tun die Richtung geben. Die Mitte ist zugleich das Ziel, das all unser Tun auf sich lenkt. Mitte ist Ausgangspunkt und Zielpunkt zugleich, „Anfang und Ende" zugleich. Durch die Mitte bekommt alles seinen Ort und wird bestimmbar. Wenn sich alle Menschen auf eine Mitte einigen, wird Verständigung möglich. Es wäre schön, wenn es auf der Welt nur eine „Wertung" gäbe, wenn alle Menschen dieselbe Mitte hätten, den Glauben an die absolute Liebe.

„Alles dreht sich um die Mitte." Die Mitte ist der Punkt, der stehen bleibt, wenn alles sich dreht. Der Mittelpunkt gibt allen Dingen ihr Gleichgewicht. Die Mitte gibt den festen Ort und die Ordnung in der Vielfalt menschlicher Beziehungen.

Die Not des Menschen könnte man als Mitte-Losigkeit bezeichnen. Oft fehlt der „goldene Mittelweg", der die Gegensätze „vermittelt". Der Mensch hat oft kein Maß und kein Ziel; er ist „durcheinander", weil ihm die Mitte fehlt. Er weiß nicht, was er tun soll, weil die Motive fehlen. Er kommt nicht „in Bewegung" und nicht „in Gang", weil ihm das Moment fehlt, das ihn beweglich macht: die Mitte. So bleibt er in seiner Starrheit liegen und kommt nicht vorwärts.

Umgekehrt gibt es so vieles, das den Anspruch erhebt, Mitte zu sein für die Menschen. Im Kräftefeld von vielen „Mitten" treibt es den Menschen

Leben heißt in Beziehung sein
EINE MITTE HABEN

um, und in der Konkurrenz der Mitten hat er schließlich wieder keine Mitte. Dies macht schon deutlich, daß es nur eine Mitte geben kann; viele Mitten sind nicht möglich. – Dies gilt auch für den Bereich der menschlichen Beziehungen. Wenn Gott die Mitte ist, sind die vielen Beziehungen „in Ordnung". Die meisten Ehe- und Beziehungsprobleme sind Mitte-Probleme.

Der Mensch braucht die Mitte; aber aus sich kann er sie nicht erzeugen. Die Mitte ist da, vorgegeben. Und wenn er trotzdem sich selbst zur Mitte, zum Maß aller Dinge macht, dann kommt er – nicht in Drehung, sondern – ins Schleudern. Wer „ins Schleudern" kommt, erlebt, daß er eine „falsche Mitte" hat, das heißt, sein Drehpunkt ist nicht in der Mitte, er läuft „exzentrisch".

Damit wir leben können, brauchen wir jemand, der uns die wahre Mitte gibt, der für uns „Mitte" ist: den „Mittler". Der Mittler vermittelt: er eint, was auseinander ist (mich mit mir, mich mit den anderen, mich mit der Schöpfung, mich mit Gott); er verbindet, was entgegengesetzt und durcheinander liegt. Im Kraftfeld der Mitte bekommen alle Menschen und alle Dinge ihre wahre Richtung: sie werden „gerichtet", ausgerichtet und liegen nun „richtig".

Wer diese Mitte hat, wird dadurch selbst Mitte für die anderen. Menschen mit Mitte wissen, was sie wollen; sie strahlen Angstlosigkeit, Stärke, Sicherheit auf andere Menschen aus. Mitte gibt Vertrauen, das echte Selbstvertrauen, das auch bei anderen Vertrauen weckt und sie an dieselbe Mitte anschließt. – Mitte haben: leben können.

Erst wenn wir uns in das hineingelebt haben, was „Mitte" ist, was jeder Mensch in sich trägt, wenn auch oft nur sehr unbewußt, können wir manches Wort der Bibel recht verstehen. Mit „Mitte" meint die Bibel immer Lebenszentrum. „Wo zwei oder drei in meinem Namen versammelt sind, da bin ich mitten unter ihnen", bin ich ihre Mitte (Mt 18,20). „Ich sende euch wie Schafe mitten unter die Wölfe" (Mt 10,16; das Schaf als „Mitte" der Wölfe!). Dies ist ein Missionswort: „Vermittelt die Wölfe durch die Kraft der gewaltlosen Liebe!" „Da rief er ein Kind herbei, stellte es in ihre Mitte" (Mt 18,2). Die Mitte dient: „Ich aber bin unter euch wie der, der bedient" (Lk 22,27). Sie waren versammelt, „da kam Jesus und trat in ihre Mitte" (Joh 20,19): Der gekreuzigte Jesus, das „geschlachtete Gotteslamm" ist für seine Jünger die „Mitte" geblieben, neu geworden – unverlierbar, unsterblich.

Leben heißt in Beziehung sein
EINE MITTE HABEN

1. Bild: Holzklötze

Holzklötze –
Sie liegen herum, durcheinander.
Sie sind zwar da,
aber sie haben ihren Platz
und ihren Sinn
noch nicht gefunden;
kein Vorne, kein Hinten,
kein Oben, kein Unten.

Sie werden nicht gebraucht;
sie tragen nichts
und werden nicht getragen.
Sie sind nicht in Bewegung,
sie haben keine Funktion,
sie dienen noch nicht
und dienen zu nichts –
höchstens zum Verbrennen.

In einem solchen Zustand
ist es gleich,
ob einer da ist oder nicht.

Leben heißt in Beziehung sein
EINE MITTE HABEN

2. Bild: Ein Klotz wird zugerichtet

Damit ich Sinn bekomme
und leben kann,
muß ich ins Verhältnis kommen;
ich muß irgendwohin gehören,
ich brauche einen Platz –
meinen Platz;
ich brauche ein Oben
und ein Unten.
Mein Platz entsteht dort,
wo ich passe, hinpasse,
hineinpasse –
wo ich mich in anderes füge –,
wo ich mich an anderes binde.
Ich brauche „Passung",
damit ich eingerichtet und ausgerichtet werden kann.
Ohne „Passung" bekommt mein
Leben keinen Sinn.

Ich muß mich ändern,
„zu-richten" lassen.
Ich brauche eine Form,
ich muß „gefügig" werden.
Ungeformt kann nichts
zusammenpassen.

Geformt werden: Form
bekommen;
Ecken, Kanten werden
abgerundet –
das tut oft weh!
„Das Schicksal setzt den
Hobel an ..."

„Gehorsam" und „Gefügigkeit"
dürfen nicht als Unfreiheit
und Unselbständigkeit
mißverstanden werden.
Gehorsam sein heißt:
hören können: an-hören,
zu-hören, hin-hören können;
ge-hören, an-gehören,
hin-gehören können.
Doch muß ich wissen und
verantworten,
wem ich gehören will:
Gott oder dem Mammon,
El oder Baal.

Leben heißt in Beziehung sein
EINE MITTE HABEN

3. Bild:
Teile mit einer Radnabe

Ein Punkt
muß allem Richtung geben,
alles ordnen,
alles ins Verhältnis setzen.
Diesen Punkt kann ich nicht
selbst bestimmen,
er ist schon da, mir vor-gegeben.
Nicht ich bestimme das wahre
Leben,
sondern das wahre Leben
bestimmt mich:
Ich muß mich bestimmen lassen.
Dann wird die wahre Mitte
meine Mitte.
Sie bringt mich ins rechte
Verhältnis
und ins rechte Verhalten
zu mir selbst und zu allem,
was es gibt.
Sie bringt mich ins Spiel,
ins Leben.

Es ist die Not von vielen:
Sie wollen sich selbst Mitte sein
und müssen erleben,
daß das nicht geht.
Der Egoist scheitert letztlich an
sich selbst,
an seinem „falschen Selbst".

Leben heißt in Beziehung sein
EINE MITTE HABEN

4. Bild: Alle Teile werden zusammengefügt

Der Kreis (Reifen)
macht erst die Kraft der Mitte
spürbar.
Die Mitte-Kräfte wirken im
Spannungsfeld:
Kreis – Mittelpunkt.
Der Kreis, die ausgedehnte Mitte,
ist in sich endlos.
Er ist Symbol für unendliche
Endlichkeit
und endliche Unendlichkeit
(Gegensatzeinheit).
Jeder Punkt im Kreis ist Anfang
und Ende
und Ende und Anfang zugleich.
So wird die Allendlichkeit zur
Unendlichkeit.

Die Kraft der Mitte schafft
Verbindungen:
Sie bindet und verbindet die
vielen einzelnen Gebilde
zu einem neuen Ganzen, zu
einem „Gefüge".
Verein, Verbund, Verband sind
ohne Mitte-Kraft nicht möglich.
Durch die Mitte entsteht Abstand
und Nähe –
das Gesetz jeder Beziehung,
in jeder Beziehung.

Alles, jeder ist jetzt gleich wichtig
und gleichwertig.
Wenn ein Stück fehlt,
ist alles auseinander,
unterbrochen.
Auf jeden einzelnen kommt es an
im Ganzen.

Leben heißt in Beziehung sein
EINE MITTE HABEN

5. Bild: Rad

Geeint –
eingespannt im Kreis zwischen
Reifen und Mitte.
Haltend und gehalten am festen,
sicheren Platz.

Ich habe meinen Platz gefunden:
den Sinn meines Daseins,
meine Aufgaben und
Möglichkeiten,
meine Rechte und Pflichten –
meine Verantwortung.
Bei den anderen, mit den
anderen, durch die anderen –
durch unsere Mitte ist dies
geschehen.

Die anderen brauchen mich,
wie ich sie brauche:
Einer für alle, alle für einen.
Wir sind nur zusammen wir.

Im Gleichgewicht der Kräfte,
von innen nach außen und von
außen nach innen
funktioniert das Rad.

Alles Leben verwirklicht sich in
der Kontrastharmonie
von Kraft und Gegenkraft.
Jede Kraft wird ohne Gegenkraft
sinnlos und zerstörerisch.

6. Bild: Rad am stehenden Schubkarren

Eingespannt im Kreis bin ich
belastbar.
Nun kann ich alles tragen
und ertragen,
weil ich eine Mitte habe
und im Kreis von allen
gehalten bin:
„Verbunden werden auch
die Schwachen mächtig!"

Und umgekehrt erfahre ich im
Tragen-Können,
was Kreis und Mitte ist.
Ich kann viel mehr ertragen
als nur mich selbst,
wenn ich „im Kreise meiner
Lieben" bin.

Das Erlebnis: Tragen-Können
trägt auch mich;
ich bin getragen von dem,
was ich ertrage.

Leben heißt in Beziehung sein
EINE MITTE HABEN

7. Bild: Schubkarren mit Last

Alles kommt nun in Bewegung,
das Leben „rollt ab",
alles dreht sich um die Mitte.

Die Mitte-Kraft wirkt sich aus als
„Hebelwirkung".
Schwere Last ist leicht zu heben
durch den „Hebel",
der einen Drehpunkt hat
im Mittelpunkt des Rades.

Nun rühren auch die kleinen
Kräfte an
und bewirken Großes,
weil sie einen Drehpunkt, eine
Mitte haben.
Sie verstärken die Mitte,
und so vermehren sich die Kräfte.

Am Drehpunkt setzen auch die
Lasten an,
die alle tragen müssen:
Jede Speiche muß die ganze Last
ertragen –
aber nicht allein.
Und wenn die Last am stärksten
drückt,
dann ist es nur ein Augenblick,
weil das Rad sich dreht
und sofort der nächste meine
Lasten übernimmt.

So wird das Lasten-Tragen schön:
In der „Solidargemeinschaft"
bleibe ich nicht auf der Strecke
mit meiner Last und mit der Last
der anderen.

Leben heißt in Beziehung sein
EINE MITTE HABEN

8. Bild: Rad als Symbol

Mein Leben
kommt sowohl zur Ruhe
als auch zur Entfaltung seiner
vollen Kraft,
wenn ich es immer wieder
zentriere auf die wahre Mitte hin.

Daß es die wahre Mitte gibt
für mich, für dich und alle
Menschen,
die Mitte, die alleinend ist,
sehen wir an den Jüngern Jesu:
Sie waren durch seinen Tod ganz
„auseinander", „durcheinander".
Da „trat er in ihre Mitte"
und machte sie erneut zum
Kreis.

Er ist die unvergängliche Mitte,
die immer da ist,
„wenn zwei oder drei
in seinem Namen versammelt
sind".
Es liegt an uns, ob wir uns
um ihn –
die Verkörperung der
absoluten Liebe –
immer wieder scharen
und versammeln.

Leben heißt in Beziehung sein
GUT DRAN SEIN

Einführung

Ich muß „wo dran" sein

Isoliert, abgeschnitten von allen Beziehungen bin ich nichts; ich muß irgendwo festgemacht sein. Der Mensch ist ein „abhängiges" Wesen. Wenn er nicht „wo dranhängt", ist er „Abfall". Die Frage „wer bin ich?" ist letztlich die Frage: Wo bin ich dran, wie bin ich dran. Ich kann mich selbst nur erleben, erfahren und erkennen, wenn ich in *Beziehung* bin – in der Erfahrung der Liebe. Dabei geht es immer um eine „dreieinige" Beziehung: Beziehung zu mir selbst, Beziehung zur Mitwelt und Umwelt und Beziehung zum Transzendenten, zu Gott, das heißt zur Liebe, zum Leben selbst. In der echten Beziehung zu Mitmenschen oder zu anderen Geschöpfen (Pflanzen, Tiere, Steine) ist immer auch die Beziehung zu Gott und zu mir selbst – mehr oder weniger bewußt – miteingeschlossen. Es kommt darauf an, daß meine Beziehungen echt sind. Das heißt, nicht das Konsumhafte, Einvernehmende, Beanspruchende, Besitzergreifende (Egoistische) prägt die Beziehung, sondern das Geschenkhafte, Anspruchslose, Verzichtbereite.

Das Tragende in einer Beziehung bleibt auch dann erhalten, wenn eine Ablösung vom äußeren, vergänglichen Beziehungsgegenstand zu leisten ist (Verlust des Geliebten, Enttäuschung, Krankheit). Diese Ablösungsvorgänge sind allerdings mit Qualen verbunden, die den Menschen bis an die Grenze des Erträglichen belasten können. Aber trotz dieser Qualen und „Bitternisse" sind solche Ablösungsprozesse als Lebensprozesse zu erachten, die letztlich nicht ärmer, sondern reicher, tiefer und unerschütterlicher machen. Denn die Ablösung ist keine Ablösung von der Liebe, sondern vom Geliebten, das heißt von Menschen, Geschöpfen, Dingen – von gewohnten Erlebnissen, durch die ich Liebe erfahren habe. Zunächst wird wohl jeder Mensch an etwas Vergänglichem hängen, indem er die Gaben und Geschenke der Liebe und die Medien der Liebe mit der Liebe selbst verwechselt. Enttäuschungen, Verluste, Ablösungen sind Entgötzungsprozesse, die letztlich die Sicht und den Weg freigeben zum unverlierbar ewigen Ursprung der Liebe, zum Ursprung aller Beziehungen.

Es gibt nun etwas, woran ich immer hängen und immer dransein kann, etwas, einen „besten Teil", der mir nie genommen werden kann, außer ich trenne mich selbst von ihm.

Auf dieses unverlierbare und darum „gute" Dransein möchte diese Meditation aufmerksam machen. Zugrunde liegt die Symbolik des Weinstocks (Joh 15). Im Johannesevangelium ist in dieses Symbol auch

Leben heißt in Beziehung sein
GUT DRAN SEIN

noch die Urwirklichkeit „Wort" miteinbezogen: Das Wort ist der „Saft", von dem ich lebe, und der mich selbst fruchtbar macht.

Das praktisch Nächstliegende, was ich brauche, ist ein Mensch, der ganz „mein" Mensch ist. Dieses „mein" wird sehr häufig mißverstanden im Sinn von Besitz – und gerade durch das Besitzen geht das „mein" verloren. Hier ist vor allem an die Eltern-Kind-Beziehung und an die Mann-Frau-Beziehung zu denken. Wer einen Menschen besitzt, macht ihn zum Gebrauchsgegenstand und verhindert, daß ihn der andere mit seinem Menschsein beschenken kann. „Mein" Mensch ist immer ein Geschenk des Lebens, ein Geschenk Gottes, eine Leihgabe, eine lebenfüllende Aufgabe. Genauso müssen wir auch von den Dingen reden: Sie sind Mitgeschöpfe, die ich pflegen, lieben und genießen, aber nicht willkürlich verbrauchen darf.

Ich brauche dich

Wenn Menschen zugrunde gehen, liegt das immer an „falschen" Beziehungen, bzw. an der falschen (egoistischen) Einstellung zur Beziehung.

Ich brauche dich, damit ich sein kann. Ich bin das, was ich dir bin. Wenn du mich magst und mich „leiden" kannst, kann auch ich mich leiden. Ich „kenne" mich und weiß, wer ich bin, wenn ich mich von dir erkannt weiß. Ohne Du kein Ich! Aber auch umgekehrt gilt: Ohne Ich kein Du, das heißt, wenn ich nicht so stark bin, daß ich dir spontan entgegenkommen kann, kann ich auch für dich kein Du sein.

Ich muß also dir gehören dürfen und muß auch erleben, daß du mir gehörst. Aber wie soll das geschehen, daß wir aneinander dran sind und einander gehören, ohne daß wir uns vereinnahmen, und ohne daß der eine beim Verlust des anderen zugrunde geht?

Wem das Wort „Gott" zu belastet erscheint, der möge dafür sagen: das Transzendente oder das, wonach alle schreien – die ewige Liebe. Auf jeden Fall brauche ich zum Leben etwas Drittes, das nicht den Gesetzen der Vergänglichkeit in Raum und Zeit unterliegt. Im Christentum ist in Jesus Christus dieses Dritte als ewiges, unbedingtes Erbarmen, als ewige Liebe und ewiges Angenommensein offenbar geworden. Jeder Mensch, dem die Wirklichkeit „Gott" aufgeht, wird dessen innewerden. Es geht nun darum, daß ich in den vergänglichen Augenblicken meiner Glückserlebnisse dieses Dritte, Ewige (Gott) erkenne und bestrebt bin, mich dort festzumachen. („Festmachen" ist die ursprüngliche Bedeutung des hebräischen Wortes „aman", das meistens mit „glauben" übersetzt wird.)

Ich „brauche" Gott

Leben heißt in Beziehung sein
GUT DRAN SEIN

Je mehr ich in Gott „festgemacht" bin, desto mehr kann ich auch schon durch kleine Zeichen der Nähe Begegnung erfahren. Und wenn ich schließlich ganz allein und einsam leben müßte, könnte ich mir selbst begegnen und Gott erleben, der mich mir selbst schenkt. Jeder Atemzug kann ein Zeichen sein, daß Gott mich belebt.

Die Einsamkeit wird zur Eins-samkeit (ich bin eins, identisch mit mir) und das Alleinsein wird zum All-eins-sein (ich bin mit allem eins; alles erlebe ich als Geschenk). In diesem Sinn ist das Wort der hl. Teresa von Avila zu verstehen: „Gott allein genügt."

Diese Endstufe geschöpflicher Vollkommenheit (Erlöstheit) ist gewiß nicht als Zustand in dieser Welt zu erreichen. Aber es gibt die „gotthaltigen" Augenblicke des Glücks, in denen die ewige Liebe aufblitzt. Und wenn ich richtig damit umgehe, können sie mein Dasein in dieser Welt bestimmen. Diese mystische Haltung darf nicht zur egoistischen Weltflucht führen – im Gegenteil! Mystik führt zu einer optimistischen Einstellung zur Welt und zu einer tiefen Weltfreude und Weltverantwortung. Diese Freude vergeht nicht, wenn die Welt für mich vergeht; es geht um die Freude *in* der Welt, *an* der Welt, *durch* die Welt – aber nicht *von* der Welt.

Trau dich dransein. Das Leben sorgt für die Ablösungen, bis du dort festgemacht bist, wo es keine Trennung mehr gibt.

Gott, der Lebensbaum

Wichtig in diesem Zusammenhang ist schließlich die Lebensbaum- und Stammbaumsymbolik der Bibel. Das Essen vom „Baum in der Mitte", vom „alten" Lebensbaum, bringt den Tod: Der Mensch kann und darf sich nicht Gott „einverleiben", um selbst Gott zu sein. Alles Unheil kommt schließlich davon, daß sich der Mensch zum Gott macht, der er nie und nimmer selbst sein kann. Durch Christus, den „neuen" Lebensbaum (vgl. Christbaumsymbolik) verwandelt sich das Essverbot zum Essgebot: „Wer mein Fleisch ißt und mein Blut trinkt, hat das ewige Leben." Vom neuen Lebensbaum essen heißt jetzt aber auch nicht: Gott werden, sondern Gott, die absolute Liebe, in sich aufnehmen als das neue Lebensprinzip. Nicht Gott sein, aber ganz aus Gott leben zum eigenen Heil und zum Heil der Welt.

Leben heißt in Beziehung sein
GUT DRAN SEIN

1. Bild: Abgeschnittenes Efeublatt

Isoliert:
Ich bin abgeschnitten,
ich komme nicht mehr zurecht
mit dem Leben,
mit dir, mit mir, mit meinem
Schicksal.

In Freundschaft, Ehe und
Familie,
im Beruf, bei Krankheit
und Verlust
stehe ich plötzlich vor der Frage
nach mir selbst:
Wer bin ich denn eigentlich?
Wie geht es mir mit mir selbst?
Warum gibt es mich eigentlich?
Wo ist der Sinn meines Daseins?
Was habe ich verloren,
was geht mir ab, –
was kann ich, was muß ich
für mich selbst tun?

Leben heißt in Beziehung sein
GUT DRAN SEIN

2. Bild: Zwei Efeublätter

Ich und du – du und ich;
ich allein, du allein,
zusammen und doch allein.

Bei aller Nächstenliebe
ist die Frage nach mir selbst
die erste:
„Jeder ist sich selbst der
Nächste."
Ich muß ja schließlich leben.
Wie soll ich dich mögen,
wenn ich mich selbst nicht mag!
Wie soll ich dir gut sein und
„zugute" sein,
wenn ich mir selbst nicht
gut bin.

Und wie sollst du mich mögen,
wenn ich mich selbst nicht
mögen kann?
Wie sollst du dir gut sein,
wenn dir mein Gutsein fehlt?

3. Bild: Efeublatt mit Stiel

Ein Stiel, in dem kein Saft
mehr fließt;
das ganze Blatt ist unversorgt.

Ich bin nicht mehr dran,
nicht mehr im Strom der Liebe.

„Nur wer die Sehnsucht kennt,
weiß, was ich leide."

Ich habe Angehörige
in Familie, Freundschaft oder
in einer Gruppe.
Ich habe Menschen, die mich
lieben,
aber ich bin „zu",
ihre Liebe kommt nicht mehr an.

Ich bin beleidigt
und weise die Liebe zurück,
nach der ich mich sehne.

Ich wollte un-abhängig sein,
– jetzt bin ich's!
In meinem Stolz wollte ich mich
selbst lieben
ohne die anderen,
so habe ich den Kontakt verloren,
– abgebrochen.

Leben heißt in Beziehung sein
GUT DRAN SEIN

4. Bild: Verdorrtes Blatt

Je mehr ich mich mit meinem
Seelenleid befasse
und versuche, mich selbst zu
befreien,
gerate ich in Ausweglosigkeit
und Depression.
Ich gehe zugrunde und erlebe,
wie ich mich selbst zugrunde
richte.

Ich will mich selbst lieben,
und dabei wird der Selbsthaß
immer größer.
Schließlich hasse ich
auch noch die,
die mich lieben.

Den Saft, den ich brauche,
kann ich nicht selbst erzeugen:
Ich verdorre.

5. Bild: Efeublatt an der Ranke

Im Zu-Grunde-Gehen
kann mir zu Bewußtsein
kommen,
daß ich „wo dransein" und
dranbleiben muß.

Keiner kann sich selbst genügen.
Auch du und ihr alle
seid nicht genug für mich;
ich muß am Stamm sein,
am Leben, im Leben selbst.

Du kannst mich
und ich kann dich
nicht halten.
Wir brauchen etwas,
das uns beide hält
und mit der Liebe versorgt,
die wir brauchen
und die wir selbst nicht
erzeugen können.

Die Liebe selbst
stellt auch verlorene Kontakte
wieder her,
wenn wir uns um sie bemühen.

Leben heißt in Beziehung sein
GUT DRAN SEIN

6. Bild: Zwei Efeublätter in Berührung

Versuchung:
Wenn zwei Menschen sich
wirklich nah gekommen sind
und die echte Liebe spüren,
vergessen sie sehr leicht den
„Stamm" der Liebe,
– daß sie nicht selbst der
Ursprung ihrer Liebe sind.

So kommt es oft zu gegenseitiger
Vergötzung,
die notwendig zur Enttäuschung
führt.

Wenn wir zusammen
die Liebe selbst – Gott – preisen,
bleiben wir frei von gegenseitiger
Verhaftung
und von mancher schmerzlichen
Enttäuschung.

Leben heißt in Beziehung sein
GUT DRAN SEIN

7. Bild: Mehrere Blätter an der Ranke

Wenn wir mit dem Stamm
verbunden sind,
sind wir auch miteinander fest
durch den Stamm verbunden.
Was wir fest zusammenhalten,
das hält uns fest zusammen.

Nicht du bist es, nicht ich,
der in der Liebe glücklich macht,
es ist die Liebe selbst,
die uns durchströmt,
die uns zusammenhält und eint,
wenn wir ihr dienen.

Wer leben will,
muß durch das Du hindurch
das Leben suchen – Gott –
und sich mit ihm verbinden.

Das ist der einzig wahre Glaube,
der allein selig macht:
daß Gott zu finden ist,
wo Begegnung sich ereignet.

Leben heißt in Beziehung sein
GUT DRAN SEIN

8. Bild: Efeuteppich

Alleinheit:
Das Leben trägt dich und mich zusammen
mit allem, was es gibt.
Ich kann die Kraft des Lebens
und der Liebe spüren,
die alles zusammenhält
und eint, –
im Partner und im Freund
und überall, wo sich
Gemeinschaft bildet.

Ich kann die Liebe spüren
in jedem Stein, in jeder Blume,
in jedem Tier,
die mir zum Bruder und zur
Schwester werden.
Durch sie kann ich mich
mit dem Lebensstamm,
dem „Stammbaum" allen Lebens
bewußt verbinden,
der von Natur aus immer schon
mein Dasein trägt.

Gott ist der Lebensbaum
des Glücks
im Mittelpunkt des Paradieses.
Ich soll nicht seine Früchte
essen,
sondern selbst Frucht sein
und Früchte tragen,
indem ich fest mit ihm
verbunden bin,
durch Ehrfurcht, Liebe
und Gehorsam.
„Wer in mir bleibt und in
wem ich bleibe,
der bringt viele Frucht …
und er wird leben,
auch wenn er gestorben ist."

SICH ENTSCHEIDEN

Was kann, was muß ich tun, um zu leben?

Einführung

Viele seelische und körperliche Krankheiten beruhen auf Risikoangst, Mangel an Vertrauen und Unentschiedenheit. Diese Symbolmeditation will zur Entschiedenheit ermutigen.

Wir sind durch unseren Überkonsum träge, bequem und freudlos geworden. Durch mangelnde Enthaltsamkeit sind unsere Ansprüche sehr gestiegen, und dabei haben sich unsere Verlustängste enorm vermehrt. Wir können uns zu wenig freuen an dem, was wir haben, weil wir immer auf das schielen, was wir haben könnten, wenn ...! Aus Angst, etwas zu verlieren, vermeiden wir oft Entscheidungen, die nötig sind, damit wir überhaupt „zu etwas kommen". Es gibt Lebensgüter und Lebenssituationen, die von sich aus einander ausschließen.

Angst vor Verlust und Risiko

Wenn ich mich entschließe, in meinem Garten einen Baum zu pflanzen, muß ich wissen, daß dieser Baum einen Schatten wirft. Wenn ich mich entscheide, zu heiraten oder nicht zu heiraten, wenn ich mich für diesen oder jenen Beruf entscheide, muß ich wissen, daß dadurch anderes, andere Lebens- und Gewinnmöglichkeiten, von vornherein ausgeschlossen sind. Ich spüre, daß ich etwas ausschließen und auf etwas verzichten muß, darum versuche ich, die Entscheidung zu vermeiden oder sie so umzufunktionieren, daß alle Möglichkeiten offen bleiben. In äußeren Lebensbereichen, z.B. bei einem Hauskauf, können Entscheidungen mit Vorbehalt durchaus sinnvoll sein; in den inneren, eigentlichen Lebensbereichen wird durch den Vorbehalt der „entscheidende Moment" der Entscheidung ausgeschlossen. Wenn z.B. jemand sagen würde: „Ich heirate dich unter der Bedingung, daß du mich glücklich machst. Und wenn du mich nicht glücklich machst, lasse ich mich scheiden", dann schließt er durch diese Bedingung gerade das aus, was er durch die Heirat gewinnen möchte. Das Glück wird nur in der bedingungslosen Hingabe erlebt. Eine berechnende oder bedingte Hingabe wäre ein Widerspruch in sich selbst. Gewiß gibt es bei einer Heirat oder bei einer menschlichen Verbindung auch den Bereich, der *vernünftig*, klug und vorsichtig geregelt werden muß, aber das ist eben nicht der „entscheidende" Bereich. Wenn sich jemand zu einer sogenannten „Ver-

Was kann, was muß ich tun, um zu leben?
SICH ENTSCHEIDEN

nunftehe" entschließt, dann geht er dabei ja auch ein Risiko ein; nämlich das, daß ihm das, was er vernünftigerweise erwarten kann, genügt zum Glücklichsein.

Das Glück einer Beziehung oder einer Lebensform kann nur in dem Maß zustande kommen, als ich bereit bin – bei aller Vernünftigkeit –, das Risiko in meine Entscheidung miteinzubeziehen und die Konsequenzen auf mich zu nehmen. Bei derartigen Entscheidungen kann ich nie „wissen", aber immer „hoffen", daß es gut geht.

Wenn es aber dann doch schiefgeht? – Diese Frage führt an die Wurzel, aus der heraus Entscheidungen überhaupt erst möglich werden – an das *Vertrauen*.

Entscheiden aus Vertrauen

Man kann deutlich machen, daß das Leben (und das Glück) dem Menschen Entscheidungen abverlangt. Man kann auch zeigen, daß das Sich-Entscheiden Kampf bedeutet, weil Entscheidung Risiko und Verzicht miteinschließt. Schließlich wird man fragen müssen: Wie komme ich dann überhaupt dazu, daß ich entscheide und mich entscheide; wo liegen die Motive für das Sich-Entscheiden? Die bloße Einsicht in die Notwendigkeit einer Entscheidung gibt mir noch nicht die Kraft zur Entscheidung. Ich brauche das Vertrauen ins Leben (Vertrauen auf Gott), das Vertrauen, daß alles, was geschieht, daß alles, so wie es eben ist, schließlich und endlich gut und „richtig" ist. Ich muß oder müßte so weit kommen, daß ich dem Leben, der Gesamtheit des Wirklichen, mehr traue als mir selbst. Ich müßte so weit kommen, daß ich „dem Leben traue", auch wenn ich in Teilaspekten viel Böses, Verkehrtes und Widersinniges feststelle. Das *Vertrauen* ins Leben (auf Gott) gibt mir die Kraft zu jenen Entscheidungen, durch die ich Leben und Glück für mich erhoffe.

Um das genannte Beispiel wieder aufzugreifen: Ein glaubender, vertrauender Mensch wird sagen: Ich heirate dich, ich sage ja zu dir (bzw. ich bleibe ehelos) ohne jede Bedingung, aber in der Hoffnung, daß uns das Leben (Gott) durch unsere Erfahrungen und Erlebnisse glücklich machen wird. Die Frage: wenn uns aber die Entscheidung das erhoffte Glück nicht bringt? brauche ich nicht mehr zu fürchten; denn mein Vertrauen ins Leben, das mir jetzt die Kraft gibt, mich zu entscheiden, wird mir auch dann weiterhelfen, wenn es ganz anders kommt, als ich es jetzt erwarte und erhoffe. Ich brauche das Morgen nicht vorwegzunehmen; ich würde damit das Heute zerstören. „Jeder Tag hat seine eigene Plage", und was mir heute hilft, das wird mir auch morgen helfen. Und wenn

Was kann, was muß ich tun, um zu leben?
SICH ENTSCHEIDEN

alles schief ginge: – solange ich dem Leben (Gott) traue, wird alles wieder richtig.

Es gibt zu wenig Entscheidung und Entschiedenheit, weil es zu wenig Vertrauen gibt, und umgekehrt gibt es zu wenig Vertrauen und beglückende Lebenserfahrung, weil es zu wenig Entscheidung und Entschiedenheit gibt. Dies ist ein Teufelskreis, der zu der praktischen Frage führt: Was kann ich jetzt wirklich tun, um das Vertrauen zu erlangen, das mich zur Entscheidung befähigt und zur Entschiedenheit führt? Die Antwort ist eigentlich einfach: „Fasten, Beten, Feiern, Gutes tun." Die Übung der Enthaltsamkeit befreit mich von Konsumzwang, Verlustangst und Selbstverwöhnung. Das Beten rückt Gott, das wahre Leben, in den Mittelpunkt meines Daseins und setzt mich immer wieder ins rechte Verhältnis zu mir selbst und zu den anderen Geschöpfen. Durch das Gebet orientiere ich mich immer wieder neu und schaffe eine Situation, in der ich das Vertrauen ins Leben finden kann, das mich zu Entscheidungen befähigt. Menschen mit Glaubenserfahrung wissen, wie wichtig das Gebet vor schwerwiegenden Lebensentscheidungen ist.

Entscheidung ist Gnade

Durch das echte Feiern und Meditieren komme ich mit dem Leben (Gott) in Berührung, das heißt, ich *spüre* das Leben, ich *spüre* Gott. Dadurch bekomme ich Vertrauen und Entschlußkraft. Wenn ich mich schließlich bemühe, Gutes zu tun, dann verwirkliche ich meinen Glauben bis in meine Körperzellen hinein, und indem ich Gutes tue, darf ich die göttliche Liebeskraft verspüren, die mich durchströmt – jene Kraft, durch die ich lebe und glücklich werde, – jene Kraft, die ich mir nicht selbst geben kann. Wenn mir bewußt wird, daß jede positive Lebensentscheidung nur im Vertrauen zustande kommen kann, so wird mir auch bewußt, daß jede Lebensentscheidung im tiefsten eine Entscheidung für oder gegen das wahre Leben (Gott) ist.

Es gibt große und kleine, folgenschwere und unbedeutende Entscheidungen – Entscheidungen, die das ganze Leben betreffen. Alle Entscheidungen sind nicht dadurch schon vollzogen, daß sie einmal gefällt werden; sie müssen immer wieder neu eingeholt werden, damit sie im Leben zum Tragen kommen, damit sich der Segen, der auf der Entscheidung ruht, entfalten kann. Auf halb gestellten Weichen entgleist jeder Zug!

Entscheidungen müssen gelebt werden

Jeder muß sein Leben bzw. über sein Leben selbst entscheiden, und alle Erziehung kann nur dieses Ziel im Auge haben: Befähigung zur Selbstentscheidung. Wenn es mir schlecht geht im Leben, bin zu allererst ich

Selbst entscheiden

Was kann, was muß ich tun, um zu leben?

SICH ENTSCHEIDEN

selbst daran „schuld", weil ich mich so oder so, oder gar nicht entschieden habe. Dabei ist nicht gesagt, daß diese „Schuld" praktisch vermeidbar gewesen wäre; denn der Mensch ist nun einmal ein tragisches Wesen, das immer in Schuld verstrickt und sich darin verstrickend ist. Diese Einsicht könnte mich aber bewahren vor der ebenso lähmenden wie sinnlosen Anklage anderer Menschen oder des Schicksals. Wenn ich schon anklagen möchte, dann hat nur die Anklage Gottes einen Sinn. Er ist letztlich verantwortlich für alles. Er hat mein Heil und Unheil in seiner Hand.

Für meine Entscheidungen gibt es Ratgeber, die mir aber das letzte Risiko gerade nicht abnehmen. Wenn ich mich auf jemand oder auf etwas verlasse, trage immer *ich* das Risiko, nicht der andere. Viele Menschen klagen, daß sie falsch erzogen worden wären. Das kann zum großen Teil in vielen Fällen stimmen, aber jeder „falsch" Erzogene muß sich die Frage gefallen lassen: Warum hast du dich falsch erziehen lassen? Warum hast du immer anderen zu Gefallen gehandelt und nicht dein eigenes Leben gelebt? Vielleicht weil es bequemer war, gelobt und bestätigt zu werden, als sich zu exponieren und selbst zu entscheiden. „Wer immer tut, was andere wollen, wird bald nur mehr wollen, was andere tun!"

Gewiß gibt es gute und bis zu einem gewissen Grad zuverlässige Ratgeber:

a) In mir habe ich ein Gespür für das „Richtige", eine Stimme für das Sein-Sollende. Im Unbewußten liegen Impulse, die zum Bewußtsein gelangen können. Ich habe meine Erlebnisse und Erfahrungen, die für meine Entscheidungen von Bedeutung sind. Doch ist in diesem subjektiven Bereich nirgends Irrtum und Täuschung ausgeschlossen. Es gibt eben keine absolute Garantie für eine richtige Entscheidung.

b) Außerhalb von mir bieten mir die Sachverhalte selbst und die Werte als Summe bewährten Verhaltens eine Möglichkeit der Orientierung. Aber auch objektive Normen betreffen nur den „Normal"-Fall. Und ob ich bzw. inwieweit ich *meinen* Fall als *Normal*-Fall einstufen kann, darf oder muß – das muß ich wiederum selbst entscheiden und verantworten. Der wertvollste Ratgeber bleibt wohl in jeder schwierigen Entscheidungssituation ein lebens- und glaubenserfahrener Mensch, der mich versteht.

Ich muß mir schließlich im klaren sein, daß das Risiko einer Entscheidung letztlich immer bei mir ganz persönlich liegt, auch wenn es von

Was kann, was muß ich tun, um zu leben?
SICH ENTSCHEIDEN

anderen Kräften mitgetragen wird. Entscheidung ist Ich-Vollzug, Verwirklichung meiner Freiheit. Ich kann und darf das Risiko nicht abwälzen auf andere oder auf ein System (Gesellschaft, Moral, Befehl usw.), auch wenn dieses System in sich noch so stimmig und allgemein verbindlich ist. Ich muß meine Entscheidungen selbst bejahen, ich kann sie nicht nur von anderen bejahen lassen. In meinen Entscheidungen bin ich letztlich mit mir und meinem persönlichen Gott allein.

Was aber, wenn ich mich falsch entscheide? Wann entscheide ich mich falsch? – Der Wille des Menschen und damit seine Entscheidungen sind immer auf das (subjektiv) erkannte Gute gerichtet. Jeder Mensch muß sich danach entscheiden, was ihm am besten erscheint. Aber ist auch wirklich alles gut, was mir als gut erscheint? Ist hier nicht dem Selbstbetrug Tür und Tor geöffnet? Es gibt viele Menschen, die sich nach Lust und Laune entscheiden, oder sich dafür entscheiden, sich nicht zu entscheiden. Andere entscheiden sich sehr gewissenhaft nach reiflicher Überlegung, und irgendwann stellt sich doch heraus, daß es eine Fehlentscheidung war. Es gibt eben Irrtum, Sünde und Schuld, und all das geht in die menschliche Entscheidung mit ein. Es gibt nur Entscheidungen nach „bestem Wissen und Gewissen", und Gewissensstand und -zustand ist bei den Menschen sehr verschieden! So werde ich immer damit rechnen müssen, daß meine Entscheidung mehr oder weniger eine Fehlentscheidung ist. Ebenso darf ich auch damit rechnen, daß sich das herausstellt durch die Lebenswirklichkeit selbst, die mich mit meiner Entscheidung immer wieder in Frage stellt. Diese Infragestellungen durch das Leben sind zunächst eine Herausforderung, daß ich alles aufbiete, um meine Entscheidung durchzuhalten. Ist aber der Punkt erreicht, wo es „absolut nicht mehr geht", so ist dies der Wendepunkt, an dem ich meinen Kurs zu korrigieren habe, wo ich mich neu zu orientieren, auszurichten und zu entscheiden habe. Nie gibt es den Weg zurück. Meine Entscheidung prägt auch als Fehlentscheidung mein Leben und gehört zu mir. Ich brauche nie ein verfehltes Stück meines Lebens zu ignorieren und zu verdrängen; alles gilt. Schließlich bin ich durch die Fehlentscheidung dorthin gelangt, wo mir durch die Ent-Täuschung die tiefere Wahrheit und der richtigere Weg aufgegangen ist. Mein Vertrauen ins Leben sollte so groß sein, daß ich auch in Enttäuschung und schwerstem Leid (Verlust, Krankheit, Beziehungskrisen) die Macht des Lebens, das Erbarmen Gottes erspüre, die mich gerade durch die Unbequemlichkeit des Leides hindurch befähigen zu neuen Einsichten und zur Korrektur meiner Einstellung und meines Lebens. Die Umwege über mehr oder weniger falsche Entscheidungen

Fehlentscheidungen

Was kann, was muß ich tun, um zu leben?

SICH ENTSCHEIDEN

bleiben mir nicht erspart. Den geraden, bequemen Lebensweg, der mit einer einmaligen Entscheidung garantiert wäre, gibt es nicht. Doch gibt es eine Grundentscheidung, die alle Fehlentscheidungen und Irrwege ordnet, so daß ich letztlich doch das Ziel erreiche: Wenn ich in allen Entscheidungen bestrebt bin, so gut ich kann, das wahre Leben, Gott, zu suchen, werde ich am Ende des Labyrinths meines Lebens bei Gott anlangen. „Wer immer strebend sich bemüht, den können wir erlösen." Es ist besser, sich zu entscheiden mit dem Risiko der Fehlentscheidung als sich nicht zu entscheiden.

Was kann, was muß ich tun, um zu leben?
SICH ENTSCHEIDEN

1. Bild: Ent-scheiden

Ein Schwert „ent-scheiden", –
ein Schwert aus der Scheide
ziehen.
Entscheidung bedeutet
immer Kampf;
Kampf gegen Trägheit
und Bequemlichkeit,
gegen Unentschiedenheit
und Sünde.
Diesen Kampf in mir
muß ich durchstehen
und bestehen,
solange ich lebe.
Es ist mein Kampf
um mich selbst;
ohne diesen Kampf
komme ich nicht
zu mir selbst,
– kann ich mich selbst
nicht „erobern".

Dies ist der „gute Kampf",
aus dem Frieden und
Zufriedenheit erwachsen.
Und wenn ich mit dir streite, –
ehrlich, offen, ohne Tücke,
so ist dies in Wirklichkeit
ein Kampf
mit mir selbst,
der mir und dir
die Entscheidung bringt,
durch die wir beide besser leben.

Wenn ich „versessen" bin
auf irgend etwas oder jemand
und nicht mehr bereit bin,
mich zu ändern,
bin ich blockiert fürs Leben;
ich muß mich irgendwann
aus-ein-ander-setzen
und mich neu entscheiden.

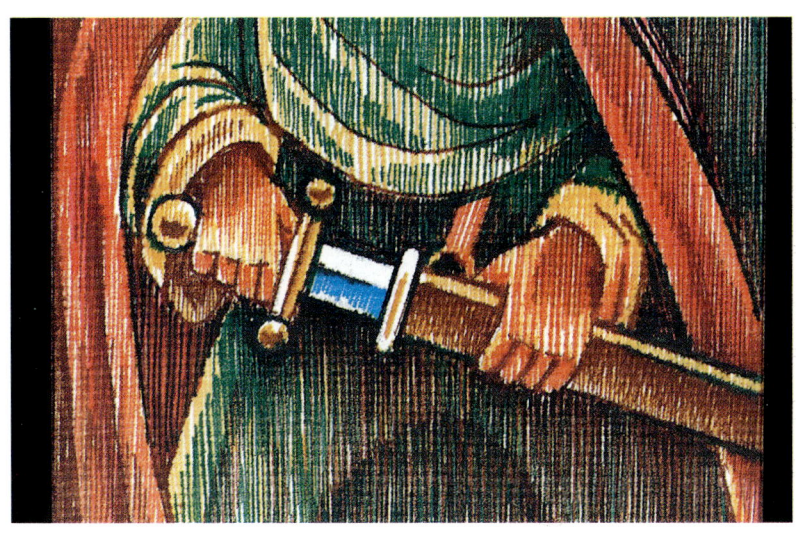

Was kann, was muß ich tun, um zu leben?

SICH ENTSCHEIDEN

2. Bild: Esel

Oh, ich Esel!
Ich wollte immer nur allen
alles recht machen!
Ich wollte „nur das Beste"
für dich, für mich, für uns alle!
Ich setzte mich ein
und nahm viel, oft sogar alles,
auf meinen schwachen Rücken.
Nun steh ich da,
fühle mich ausgenützt
und betrogen,
weil jeder mit mir macht,
was er will.
Soll ich noch weitergehen?

Ich bin doch geduldig,
erfülle meine Pflichten
und halte die Gebote,
ich bin gut erzogen
und lebe anständig – wie ein Esel!
Ich hab immer andere über mich
und für mich

entscheiden lassen.
Ab jetzt wird's anders,
ich bin nicht mehr so dumm
wie bisher.
Ich muß mich endlich einmal
selbst entscheiden.
„Nein" werde ich sagen;
Ihr werdet mich noch
kennenlernen.
– Oh, ich Esel!

3. Bild: Esel *vor* einer Weggabelung

Mir steht
eine Entscheidung bevor.
Ich habe sie vor mir
und kann ihr nicht mehr
entrinnen.
Auch wenn ich mich
nicht entscheiden wollte,
muß ich mich zum
Nicht-Entscheiden
entscheiden.

Ich habe Angst
vor Entscheidungen,
besonders vor denen,
die das ganze Leben betreffen:
Entscheidungen zur Ehe
oder Ehelosigkeit,
Entscheidungen in den
Bereichen
Beruf und Religion.

Ich spüre das Risiko
in der Entscheidung:
Ich gebe etwas aus der Hand;

Was kann, was muß ich tun, um zu leben?
SICH ENTSCHEIDEN

ich werde abhängig von etwas,
das ich nicht mehr
im Griff habe.

Andererseits spüre ich
die Ausweglosigkeit:
Wenn ich die Entscheidung
weiterhin vor mir herschiebe,
oder wenn ich sie dadurch
entschärfe,
daß ich mich so absichere,
daß kein Risiko mehr besteht,
– entgehe ich dem Leben
und verliere gerade das,
wonach ich mich sehne:
Glück, Geborgenheit
und Selbstbestätigung.
Wer die Entscheidung flieht,
flieht das Leben.

Ich muß entscheiden,
mit meinem Verstand,
mit meiner Erfahrung
und Erkenntnis
muß ich etwas
auseinandernehmen,
etwas scheiden, trennen,
was ich gerne verbunden hätte.
Ich kann von allem,
was ich haben möchte,
nur einen Teil bekommen.
Ich muß und darf
jetzt lernen,
daß man im Leben
nur etwas
und nie alles haben kann.

Ich kann nicht heiraten
oder einem Freund
verbunden sein
und gleichzeitig so leben wollen,

als ob ich nicht gebunden wäre.
Ich brauche
von vornherein die Klarheit,
was beim einen und beim andern
„drin" ist und was nicht.

Dieser Klärung
darf ich mich nicht entziehen
aus Bequemlichkeit
und Feigheit
vor den Konsequenzen.
Wenn mir das Leben
etwas anderes bringt,
als das, wofür ich mich
jetzt entscheide,
und wenn ich mich
vielleicht einmal
neu und anders
entscheiden muß,
als ich mich jetzt entscheide,
dann werde ich um so
klarer sehen,
als ich mich jetzt klar entscheide.

Was kann, was muß ich tun, um zu leben?
SICH ENTSCHEIDEN

4. Bild: Esel *in* der Weggabelung

Beim nächsten Schritt
muß ich selbst
in Entscheidung treten.
Kein anderer darf
in die Entscheidung
meines Lebens treten
als ich selbst;
dafür bin ich verantwortlich.

Ich kann auch niemals andere
allein mit Schuld belasten,
wo ich im Leben scheitere.
Wenn es mir schlecht geht,
dann bin zuallererst
ich selbst schuld.
Gewiß ist diese Schuld
verstrickt in eine unfaßbare
Tragik,
doch kann dies nicht besagen,
daß ich nicht dran beteiligt bin.

Ich muß nun wählen;
es gibt nur das Entweder-Oder:
Die Regel vom Sowohl-Als-auch
ist in der Ent-Scheidung
aufgehoben.
Niemand kann zwei Herren
dienen;
niemand kann Gott dienen
und dem Mammon.
Häufig tun wir's doch;
das ist der Grund,
warum wir nicht mehr
glücklich leben.

Unentschieden sein
ist schlimmer,
als sich falsch entschieden haben.
Entschiedenheit macht Umkehr
möglich.
Unentschiedenheit ist Stillstand:
Es geht in keiner Richtung
weiter.
Auch wenn ich mich
zur Umkehr entscheide,
ist das ein neuer Weg.

Was kann, was muß ich tun, um zu leben?
SICH ENTSCHEIDEN

5. Bild: Esel unmittelbar *nach* der Weggabelung

Gedanken und Anfechtungen
kommen auch
nach der Entscheidung.
Entscheidung ist ein
einmaliger Akt
und zugleich
ein dauernder Prozeß.
Ich muß nicht nur *etwas,*
sondern *mich* entscheiden.
Ich sage Ja
zu einer von den Möglichkeiten
und wende mich nun ganz ihr zu
im Verzicht auf alles andere.
Viele Fragen
kommen auf mich zu:
Ist dies das Richtige für mich;
bin ich überfordert;
ist nur der Wunsch
der Vater des Gedankens?
Was geschieht,
wenn ich mich täusche
und mein eigenes Unglück
wähle?

Die Antwort
auf alle diese Fragen
liegt im Ungewissen.
Es gibt bei aller Klugheit
letztlich nichts,
was mir das Risiko
ersparen könnte.

Nun werden andere Kräfte in
meinem Leben wirksam:
Glaube, Hoffnung und Liebe
kommen in meiner Entscheidung
und durch meine Entscheidung
zum Tragen.
Mit der Kraft des Vertrauens
kann ich das Risiko auf mich
nehmen
und mir selbst treu bleiben.
Wer auf Gott vertraut,
hat nie auf Sand gebaut, –
auch wenn alles ganz
anders kommt,
als ich es mir jetzt noch vorstelle.

Was kann, was muß ich tun, um zu leben?

SICH ENTSCHEIDEN

6. Bild: Esel vor vielen Abzweigungen

Eine einzige Entscheidung
bringt meinem Leben noch nicht
die Entschiedenheit.
Immer wieder kommen
im Leben neue Möglichkeiten,
die eine Entscheidung verlangen.
Ich muß mich immer wieder
zu getroffenen Entscheidungen
bekennen und sie erneuern,
damit sie in meinem Leben
tragend werden.
Wofür ich mich einmal
entschieden habe,
muß ich mich vielleicht täglich
neu entscheiden.
Dies gilt besonders
für die Entscheidungen,
die das gesamte Leben prägen,
aber auch für viele andere.

Und sollte mich das Leben
zwingen,
daß ich mich neu
und anders entscheiden muß,
dann wird die alte Entscheidung
nicht aufgehoben,
im Gegenteil:
Sie bleibt Bestandteil
der neuen Entscheidung.

Die Kraft von Glaube,
Hoffnung und Liebe
braucht täglich neue Nahrung:
Durch Fasten, Feiern,
Beten und Teilen (Gutes tun)
kann ich selbst
die Kräfte stärken,
die zum Durchhalten
vonnöten sind.

Was kann, was muß ich tun, um zu leben?
SICH ENTSCHEIDEN

7. Bild: Esel vor einem Felsbrocken

Ein Hindernis:
Es geht nicht mehr weiter!
Damit habe ich nicht gerechnet.
War meine Entscheidung falsch?

Auch in meinen Entscheidungen
begleitet mich mein „Schatten".
Irrtum, Selbstbetrug,
Selbstsucht und Schuld
sind meine ständigen Begleiter,
und ich kann ihren Einfluß
nicht verhindern,
wenn ich mich entscheide.

Doch brauche ich das Risiko
der Fehlentscheidung
nicht zu fürchten:
Das Leben selbst wird Schuld
und Irrtum offenbaren.
Die Kraft von Glaube,
Hoffnung und Liebe,
in der ich die Entscheidung fällte,
wird mich zur Korrektur
ermutigen und mich befähigen,
daß ich das Hindernis bewältige,
oder mich neu
und anders entscheide
nach der jetzt gewonnenen
Erfahrung und Erkenntnis.

Ich brauche nicht heute schon
zu planen, was ich tue,
wenn dieses oder jenes eintritt;
Glauben und Vertrauen
werden mich leiten und
die rechte Einsicht schenken,
wenn es so weit ist.

Sich entscheiden heißt auch
Fehlentscheidungen riskieren.
Die Grundentscheidung für das
Leben und für Gott
bleibt immer richtig.
Im Leben gibt es immer nur
ein Vorwärts,
auch wenn ich vielleicht
umkehren muß.
Wenn ich das Leben suche,
hat auch die Fehlentscheidung
einen Sinn.
Wenn eine Entscheidung
„echt" ist
und wenn sie die „meine" ist,
dann ist sie vom Ganzen
her gesehen immer richtig.

Was kann, was muß ich tun, um zu leben?

SICH ENTSCHEIDEN

8. Bild: Labyrinth

Am Ende werde ich sehen:
Mein Leben ist ein Wirrwarr
von Entscheidungen.
Immer wieder mußte ich mich ändern
und mich anders, neu, entscheiden.
Es gibt ihn nicht,
den „geraden" Weg.
Meine „irren" Wege
sind *mein* Weg!

Nichts brauche ich zu streichen
aus meinem Leben,
auch wenn sich viel
zunächst als falsch erwies.
Jede Entscheidung
führt letztlich weiter,
wenn ich das Leben suche
und dafür entschieden bin.

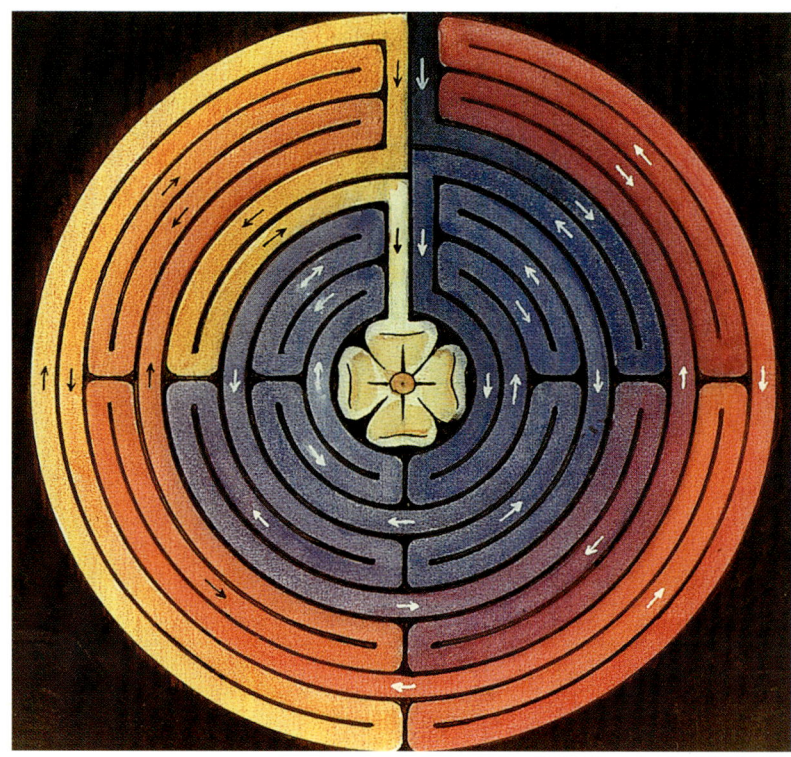

Was kann, was muß ich tun, um zu leben?

SICH ÖFFNEN

Einführung

Wir Menschen hier auf Erden sind „endliche", begrenzte Wesen. Überall haben wir und brauchen wir Grenzen. Grenzen schaffen Räume. Wir brauchen Räume in Raum und Zeit. Räume entstehen durch das Paradox: Begrenzung in der Grenzenlosigkeit, „Einteilung" der Ewigkeit.

Grenzen, Räume machen die Vielheit möglich in der Einheit des Unendlichen. Es gibt nur die eine, ganze Schöpfung mit unendlich vielen Geschöpfen; es gibt nur den einen Menschen, verwirklicht in unendlich vielen Individuen.

Grenzen, Mauern teilen das eine Ganze und machen so Beziehungen innerhalb des einen Ganzen (der Welt und der Menschheit) möglich. Alles Leben, Glück und Freude, ist Beziehung. Jede Beziehung lebt von der Spannung: Distanz und Nähe, Teilsein und Ganzsein, Ich-Sein und Wir-Sein, – einsam und gemeinsam.

Ohne Grenzen, Mauern, Trennungswände gibt es keine Gegensätze und ohne Gegensätze keine Spannung und ohne Spannung kein Leben. Das Leben vollzieht sich im rechten und geregelten Wechsel von Spannung und Entspannung. Der Lebenslauf wird gestört oder verhindert durch „Kurzschluß" oder „Kontaktverlust". Was für den Stromkreis der Schalter ist, ist für die äußere Begegnungsmöglichkeit der Menschen die Tür. Die Tür wird dadurch zu einem Hauptsymbol, in dem die inneren Vorgänge und Probleme menschlicher Begegnungen und Beziehungen Ausdruck finden.

Man kann die meisten seelischen Lebensprobleme im Bereich der Identität (Beziehung zu sich selbst, Selbstfindung) und Kommunikation (Beziehung zu anderen, Du-Findung, Wir-Findung) als Mauer- bzw. Türprobleme, als Abgrenzungsprobleme sehen.

Viele Menschen „mauern", wo sie öffnen sollten, und viele öffnen und geben sich preis, wo sie sich hüten und bewahren sollten; viele schweigen, wo sie reden sollten und viele schwätzen und „outen", wo sie schweigen sollten (sie können „den Mund nicht halten"). Fehlende Diskretion wird oft mit „Ehrlichkeit" verwechselt!

Was kann, was muß ich tun, um zu leben?

SICH ÖFFNEN

Tür, Schloß und Schlüssel und Türangel sind Symbole, die folgende gegensätzliche Lebenswirklichkeit enthalten:

Die Tür   geht auf und zu,
schützt und befreit,
grenzt ab und aus – und verbindet,
sie bewirkt das Innen und Außen,
Drinnen und Draußen,
Diesseits und Jenseits.

Der Schlüssel sperrt auf und zu,
sperrt ein und sperrt aus,
gibt Sicherheit und macht Angst.

Die Türangel gibt Festigkeit und Beweglichkeit,
Zuverlässigkeit und Flexibilität,
sie ist Fixpunkt und Drehpunkt;
(vgl. auch „Angelpunkt", „Kardinalfehler",
„Kardinaltugenden" – von lat. „cardo" = Türangel!)

Schließlich bringt das Türsymbol die Jesuswirklichkeit zum Ausdruck: „Ich bin die Tür" (Joh 10,1–10). Er ist die Tür aller Türen. Er trennt und verbindet nach Maßgabe der Liebe.

Er, die Liebe, ist der Schlüssel zum Himmelreich. Jeder, der irgendwie Anteil hat an einer Schlüsselgewalt oder eine Schlüsselfunktion ausübt, sollte nie vergessen, daß er den Himmel aufzusperren hat und nicht die Hölle. Sich der Liebe öffnen und gleichzeitig dem Haß verschließen, ist das Wesen der Nachfolge Christi.

Die Tür-Meditation will auf die Paradoxie der Lebensvorgänge aufmerksam machen und zu einer flexiblen Lebensgestaltung nach Maßgabe von Glaube, Hoffnung und Liebe ermuntern.

Genau genommen hat die Seele des Menschen eine Doppeltür: Die eine öffnet Gott (und er hat sie ein für allemal geöffnet, für alle Menschen, durch seine Menschwerdung), die andere muß jeder selbst öffnen bzw. vor dem Bösen verschließen. In Freude und Leid, in jeder Begegnung, klopft er an meine Tür: „Wach auf! Mach auf!" – „Ich stehe vor der Tür und klopfe an" (Offb 3,20).

Was kann, was muß ich tun, um zu leben?
SICH ÖFFNEN

1. Bild: Mauer

Wand, Mauer –
undurchdringlich, fest.
Sie gibt Schutz,
Sicherheit, Geborgenheit.
Sie nimmt die Angst
vor Angriffen,
sie ermöglicht Abwehr
und Verteidigung.
Ich brauche Mauern,
dann bin ich nicht mehr
preisgegeben.

Wand, Mauer –
sie läßt nicht durch,
sie verstellt, verbaut,
sie nimmt die Aussicht,
– die Einsicht.
Kein Ausgang, kein Eingang,
kein Zugang.
Kein Kommen und Gehen,
keine Begrüßung, kein Abschied.
Mauern nehmen gefangen,
sperren ein.
Mauern müssen fallen,
damit ich leben kann.

2. Bild: Mauer mit Tür

Die Mauer wird „unter-brochen"
von der Tür;
die Mauer ist nicht mehr starr.
Die Tür macht die Mauer
brauchbar,
dienlich für das Leben.
Sie gibt der Mauer Offenheit
und Geschlossenheit
je nach Bedarf.
Die Tür ist die Hoffnung
in der Mauer:
Wenn ich eingeschlossen bin,
gibt sie einen Ausweg frei;
wenn ich bedrängt bin,
trennt sie mich von
den Verfolgern.

Drinnen und Draußen
begegnen sich in der Tür;
Tür macht Begegnung möglich,
Kommen und Gehen
sind vereint in ihr.
Ausgang und Eingang zugleich.
Türen muß man hüten;
hüte deine Türen!

Was kann, was muß ich tun, um zu leben?

SICH ÖFFNEN

3. Bild: Türangel

Die meisten Türen haben
eine Angel,
einen Angelpunkt,
um den sich beim Öffnen
und beim Schließen
alles dreht.
Die Angel macht die Tür
beweglich.
Tür ist ein Stück
bewegliche Wand.

An der Tür fängt der Mensch an,
Mensch zu sein,
wenn er sich öffnet
oder verschließt.
Die Türen eines Menschen öffnen
und verschließen sich spontan.
Doch Verstand und Wille
müssen regulieren,
daß der Angelpunkt die Liebe ist
und nicht Haß und Egoismus.

Die Liebe gibt die Kraft,
die man braucht,
wenn ein Zuhalten
oder Offenhalten nötig ist.

Wer eigene Türen
oder fremde Türen
öffnet mit Gewalt,
ohne Recht und Liebe,
der bricht ein, zerstört.
Wer nicht warten kann,
bis sich der andere selbst öffnet,
verhindert die Begegnung,
die er sucht.
Nicht nur Drohung und Gewalt, –
auch Geschenke
können Türen verschließen,
deren Öffnung man erhofft.
Du darfst dich
auch nicht
selbst öffnen,
wenn du spürst,
daß keiner kommen will.

Was kann, was muß ich tun, um zu leben?
SICH ÖFFNEN

4. Bild:
Schloß, Schlüsselloch

Schlösser schließen.
Das zugesperrte Schloß
macht die Tür zur Wand,
zur Mauer.
Die Mauer bekommt,
behält ihre alte Starrheit
und Festigkeit.

Wenn Offenheit gefährlich wird,
ist die Mauer wichtig.
Türen haben Schlösser
zum Versperren
vor der Gewalt des Bösen.
Nur wo Liebe herrscht,
brauchen Türen keine Schlösser.
Das Schloß gibt der Mauer
die alte Stärke,
die durch das Öffnen
aufgehoben war.

5. Bild: Versperrte Tür

Die Tür geht nicht (mehr) auf;
eingesperrt: eingemauert;,
kein Schlüssel.
Eingeschlossen – ausgeschlossen.
Eingesperrt – ausgesperrt.

Viele Menschen sperren sich
selbst ein und aus;
sie sind gekränkt,
„eingeschnappt" und beleidigt.
Viele sperren sich gegenseitig ein
durch Zwang und Drohung;
sie nehmen einander die Freiheit,
die sie sich geben sollten.
Habsucht, Genußsucht,
Rachsucht, Streitsucht,
– Egoismus belastet oft
bis zum Zerreißen
die menschlichen Beziehungen.

Wo liegt der Schlüssel?
Bei dir, bei mir, bei uns beiden?
Vielleicht habe ich ihn verlegt, –
verloren;
ich muß den Schlüssel suchen.

Was kann, was muß ich tun, um zu leben?

SICH ÖFFNEN

6. Bild: Schlüssel

Was ein Schlüssel ist,
weiß der,
der ihn verloren hat
und nicht mehr ein
noch aus kann.
Das ganze Leben ist jetzt
ein Schlüsselproblem.

Der Schlüssel hat Gewalt
über Mauern:
Er macht im Nu die Wand zur Tür,
die Tür zur Wand.
Wer den Schlüssel hat,
verfügt über Mauern.

Der Schlüssel, der die Menschen
öffnet und verschließt,
ist nur einer:
Dreht man ihn in Richtung
Liebe, Friede und Versöhnung,
so sperrt er immer auf,
wenn es nötig ist;
dreht man ihn in Richtung
Haß, Zwang und Gewalt,
so sperrt er immer ein,
und zwar dort,
wo dies Angst, Verzweiflung
und Ausweglosigkeit bewirkt.
Himmel und Hölle
haben denselben Schlüssel.
Wo und wie der Schlüssel sperrt,
liegt an dem,
der die „Schlüsselgewalt" ausübt.

Was kann, was muß ich tun, um zu leben?
SICH ÖFFNEN

7. Bild: Aufgehende Tür

Endlich geht die Tür auf!
Ich habe wieder Hoffnung
und sehe mich wieder hinaus;
ich darf wieder leben.

Kein Eingesperrtsein
dauert ewig.
Irgendwann geht immer
die Tür auf – eine Tür,
vielleicht eine ganz andere
als die, die versperrt ist,
eine Tür, „Hintertür",
die ich vielleicht
noch gar nicht bemerkt habe.
Wenn die Tür,
auf die ich alles gesetzt habe,
nicht mehr aufgeht,
und wenn kein Schlüssel
zu finden ist,
muß ich nach einer
anderen Tür suchen.
Manche Türen sind
als Mauer getarnt,
sie sind gar nicht versperrt,
sie müssen nur entdeckt und
geöffnet werden.
Auch der Tod ist eine solche Tür.

8. Bild: Offene Tür

Befreit: Offenheit – Freiheit –
Weite – Liebe.
Durch viele Verschlossenheiten
durch-gekommen!
Befreit von Sünde,
Angst und Haß, –
von allem Egoismus:
Erlöst!

Du bist die Tür,
du bist der Angelpunkt,
du bist des Himmels Schlüssel,
du bist die Liebe,
du – mein Gott!

GUT UND BÖSE

Lebensprobleme

Einführung

Wir Menschen leben im Spannungsfeld von Gut und Böse. Das Gute tun, das Böse meiden und bekämpfen, so lautet die einfachste Lebensregel. Zudem ist der Wille des Menschen auf das erkannte Gute gerichtet. Kein Mensch wird etwas tun, was er subjektiv, also von sich aus und für sich, als böse erkennt oder empfindet. Wenn einer bewußt etwas objektiv Böses tut, dann sucht er dabei auch seinen Vorteil, seine Lust oder die Befriedigung eines Zwanges – als etwas subjektiv Gutes. So einfach die Regel Gutes tun, Böses meiden, klingen mag, so schwierig wird ihre Verwirklichung, weil der Mensch in der Unterscheidung von Gut und Böse überfordert ist. Mit zunehmender Lebensreife wächst auch die Unterscheidungsfähigkeit. Gleichzeitig wird ein Mensch mit zunehmender Lebenserfahrung immer deutlicher kennen, daß die Wirklichkeiten des praktischen Lebens nicht gut *oder* böse, sondern zugleich gut *und* böse sind. Die Lebensbewältigung liegt paradoxerweise nicht in der Ausmerzung des Bösen, sondern in dessen Einbeziehung. Dies darf freilich nicht mißverstanden werden als ein Plädoyer für Mißstände. Aber was ist schon ein Mißstand? Wer seine Lebensverwirklichung ausschließlich und wesentlich in der Bekämpfung und Überwindung des Bösen sieht, vervielfacht es. Paulus gibt uns hier das Schlüsselwort: „Besiege das Böse durch das Gute" (Röm 12,21).

Wenn ich das Spannungsfeld von Gut *und* Böse annehme und *in* diesem Spannungsfeld das Gute verstärke, entkräfte ich das Böse. Man könnte auch einen technischen Vergleich heranziehen: Eine Batterie hat ihre Spannung zwischen Minus und Plus. Wenn Strom fließt, das heißt, wenn Leben geschieht, wird die negative Ladung abgebaut. Das Problem von Gut und Böse ist logisch nicht in den Griff zu kriegen, so wie alle unmittelbaren Lebensprobleme.

Im Matthäusevangelium greift Jesus dieses Problem auf im Gleichnis vom Unkraut unter dem Weizen. Man wird dieses Gleichnis immer wieder meditieren müssen, um immer wieder neue und tiefere Aussagen und Einsichten zu gewinnen. Dies ist aber von Anfang an deutlich: Der Mensch kann (und muß) Weizen und Unkraut, Gut und Böse unterscheiden, aber er kann und darf es nicht trennen. Das Trennen ist Gott bei der Ernte vorbehalten. Unser Augenmerk hat sich auf das Wachsen und Reifen zu richten, nicht auf das Ernten.

Lebensprobleme
GUT UND BÖSE

Gewisse Schwierigkeiten können entstehen durch eine Deutung des Gleichnisses, die wir im Matthäusevangelium selbst finden: „Seine Jünger kamen zu ihm und sagten: ‚Erkläre uns das Gleichnis vom Unkraut auf dem Acker!' Jesus antwortete: ‚Der Mann, der den guten Samen sät, ist der Menschensohn; der Acker ist die Welt; der gute Samen, das sind die Söhne des Reiches; das Unkraut sind die Söhne des Bösen; der Feind, der es gesät hat, ist der Teufel; die Ernte ist das Ende der Welt; die Arbeiter bei dieser Ernte sind die Engel. Wie nun das Unkraut aufgesammelt und im Feuer verbrannt wird, so wird es auch am Ende der Welt sein: Der Menschensohn wird seine Engel aussenden, und sie werden aus seinem Reich alle zusammenholen, die andere verführt und Gottes Gesetz übertreten haben, und sie werden sie in den Ofen werfen, in dem das Feuer brennt. Dort werden sie heulen und mit den Zähnen knirschen. Dann werden die Gerechten im Reich ihres Vaters wie die Sonne leuchten" (Mt 13,36–43). Die Offenheit und Tiefgründigkeit des Gleichnisses erscheint hier bereits eingeengt. Der Anlaß zu dieser Interpretation ist die Verkündigung bei Menschen, die jüdisch-pharisäische Vorstellungen haben. Man muß also diesen Verstehenshorizont der damaligen Adressaten miteinbeziehen, wenn man heute diese frühe Deutung liest.

In dieser Deutung wird Unkraut und Weizen einfach gleichgesetzt mit Bösen und Guten („Söhne des Bösen" und „Söhne des Reiches"). Im Bewußtsein der damaligen Menschen gab es eben nur das Entweder-oder-Denken; die Menschen waren gut *oder* böse, aber nicht gut *und* böse zugleich. Das Gleichnis Jesu zielt aber gerade auf die Überwindung des Entweder-Oder zugunsten des Sowohl-Als-auch! Doch wird auch in der eingeschränkten Deutung bei Matthäus deutlich: Das Trennen und Richten („Richtig-Stellen") ist nicht Sache der Menschen, sondern Sache Gottes. Ferner steht fest, daß Gott anders „richtet", als wir Menschen richten würden, wenn wir Gott wären! Im Gericht Gottes wird sich unsere Hoffnung auf Erbarmen erfüllen. Was wir irdische Menschen unter „Gerechtigkeit" (im Strafvollzug) verstehen, ist psychologisch gedeutet oft nur legalisierte Rachsucht. Für unser irdisch-gesellschaftliches Leben ist es freilich unbedingt nötig, daß dieser Trieb und diese Sucht gebändigt und „legalisiert" wird, aber Gottes „Gerechtigkeit" hat die Qualität des Erbarmens, nicht der Rache. Darum sollen wir ja gerade unsere Rache ihm überlassen.

Wenn Gott nach dieser Gleichnisdeutung am Ende („Ernte" ist hier zum „Ende der Welt" umgedeutet) in gewissem Sinn die Rache in die Hand nimmt, dann darf man die andere Qualität der „Rache Gottes" im Vergleich zur Rache der Menschen nicht übersehen. Man muß auch beachten, daß „Ofen" und „Feuer" nicht nur Symbole der Vernichtung sind,

Lebensprobleme

GUT UND BÖSE

sondern auch Symbole der Verwandlung. Im Feuer wird Abfall in Licht und Wärme verwandelt. Die Theologie tut sich schwer, das Höllenfeuer als Ausdruck der Liebe Gottes zu erklären; im Symbolverständnis ist es klar: „Feuer" ist die verwandelnde Kraft der Liebe, die das Böse vernichtet. (Übrigens ist auch nicht auszumachen, wann mit Feuer „Höllenfeuer" oder „Fegefeuer" gemeint ist.)

Das Gleichnis enthält gewiß auch einen bedrohlichen Aspekt: An Gott kommt keiner vorbei. Am Ende fällt *jeder* Gott in die Hände! Wo sollte ein Mensch besser aufgehoben sein als in seinen Händen, nicht nur die „Guten", sondern auch die „Bösen". Das Wort vom Gottesgericht ist Hoffnung und Mahnung zugleich, je nachdem, ob ich zu Gott will, oder ob ich ihn, seine Güte und Liebe nicht will. Vielleicht hatten die Menschen, an die sich diese Gleichnisdeutung richtet, eine Mahnrede gerade besonders nötig?

Wenn wir schließlich nach unserem heutigen Verständnis des Menschen erkennen, daß jeder Mensch gut und böse zugleich ist, einmal mehr, einmal weniger, dann löst sich diese Schwierigkeit von selbst. Jeder ist „Sohn des Bösen". Aber auch der böseste Mensch hat in seinem Leben den „göttlichen Funken" der Liebe, in dem er „Sohn des Reiches" ist. Die Annahme freilich, daß es keinen Menschen gibt, der *nur* böse oder *nur* gut wäre, entstammt der Erfahrung, daß sich im Grunde seiner Seele jeder Mensch, auch der Verbrecher und der „Gottlose", nach Gott, das heißt nach Liebe und Erbarmen sehnt. Gott wird mein Sehnen stillen und mich befreien von meiner Bosheit. Für den, der diese Erfahrung vom Menschen, der gut und böse zugleich ist, nicht teilt, ist dieser Gedanke hinfällig.

Wo finde ich Gut und Böse?

Tue ich das Gute, bin ich gut, wenn ich alles erfülle oder zu erfüllen suche, was Normen, Gesetze und Regeln vorschreiben? Ist das Gutes-Tun und Gut-Sein nur eine Frage meiner Leistung? Was ist „gut"; wer ist gut? – Gott allein ist gut. Das wahre Gute finde ich letztlich nur in Gott, in der Liebe, nicht im Gesetz. Gesetz, Gebot und Weisung sind insofern gut, als sie der Liebe dienen und mir zum Lieben verhelfen. Die Verantwortung für Gut und Böse muß ich letztlich selbst in der Liebe, die mir Gott schenkt, tragen; ich kann sie nicht abwälzen auf den Buchstaben des Gesetzes. Wenn Menschen lieben, spielt da nicht die Sehnsucht immer eine starke Rolle? Es gibt wohl echte Liebe beim Menschen, aber keine „reine", das heißt völlig egoismusfreie Liebe. Gerade beim Phänomen menschlicher Liebe zeigt sich, wie sehr man das Unkraut beim Weizen lassen muß, wenn man glücklich in dieser Welt leben will. Menschen machen sich kaputt, wenn sie voneinander „reine Liebe" verlangen, und

Lebensprobleme
GUT UND BÖSE

sie betrügen sich selbst, wenn sie von sich meinen, reine Liebe zu haben. Das „reine" Gute, die reine Liebe, ist Gott. Es verkörpert sich in Jesus. Es gibt schließlich nur den einen Maßstab für Gut und Böse: das Leben Jesu. Und diesen Maßstab habe ich auch nicht ohne weiteres „im Griff"! Je mehr und je tiefer ich in meinem Leben Jesus begegne, je tiefer ich in die Liebe eindringe, um so mehr geht mir auf, was gut und böse ist. Meine Erkenntnis von Gut und Böse ist keine fertige, sondern eine ständig wachsende. Das Gleichnis ermutigt mich, weil es keine „Fertig-keit" verlangt, und weil es mich – so wie ich nun einmal bin, gut *und* böse – wachsen läßt.

Was finde ich gut, was böse?

Wir Menschen halten vieles für böse, nur weil es unangenehm, unbequem und unpassend erscheint. Dazu gehört vor allem das „naturhaft Böse" (malum physicum). Sind Krankheit und Sterben „böse", oder nur sehr schmerzhaft und unbequem? Ist der Schmerz „böse"? Unser Leben ist auf dem Stirb-Werde-Prinzip aufgebaut; das Sterben ist ein Lebensprinzip; auch der Schmerz bewirkt Reaktionen, die dem Leben dienen, – und doch halten wir dies alles für böse! Naturkatastrophen, Unglücksfälle sind schrecklich. Wir halten sie deshalb für böse! Mit dem Leid ist es ebenso. Ist dies alles wirklich böse oder erscheint es uns auf unserem Erkenntnisstand nur als böse?

Wir müßten in unserem Urteil über Gut und Böse mißtrauischer gegen uns selbst werden, weil gerade durch unsere Lebensgewohnheiten die Erfahrungswerte „bequem – unbequem", „angenehm – unangenehm", „Freude – Leid" usw. als Grundlage für Gut und Böse genommen werden. Das „Böse" liegt wohl darin, daß wir die Maßstäbe der Bequemlichkeit anlegen. Das Leben ist gut; aber das Leben ist nicht bequem. Es hat bequeme, angenehme, lustvolle Momente, aber das ist nicht alles. Zum Leben gehört der Schmerz, das Leid, das Sterben. Die Warumfrage ist an sich so sinnlos wie die Frage, warum man im Wasser ertrinken kann. – Wollte der Mensch alles beseitigen, was er böse findet, würde er das Leben zerstören. Gerade in unserer Zeit werden viele menschliche Eingriffe in die Natur doch sehr fragwürdig. Viele Qualen kommen durch den Fortschritt. Ohne Autos gäbe es keinen Autounfall; viele menschliche Probleme hätten viel mehr Zeit zum Reifen, wenn sie durch die Telekommunikation nicht so beschleunigt und verdichtet würden usw. Das alte Thema „Segen und Fluch der Technik" bleibt immer aktuell.

Die prophetische Literatur der Bibel bringt immer wieder naturale Meditationen, um den Menschen zur Einsicht zu bewegen, daß die Schöpfung trotz Leid und Tod und allem, was der Mensch für böse hält,

Lebensprobleme

GUT UND BÖSE

ein Kosmos und kein Chaos ist. Sehr viel Böses existiert nur in unseren unerlösten Ansichten und Empfindungen. Diese freilich machen uns böse und verleiten uns, daß wir Böses anrichten, indem wir das vermeintlich Gute tun.

Das einzig Böse, das es letztlich gibt und das ich als böse zu erachten habe, ist die Lieb-losigkeit, die Gott-losigkeit und ihre Auswirkungen in allen Bereichen des Fühlens, Denkens und Handelns.

Die Sündenfallgeschichte der Bibel und die Mythen aller Völker bringen zum Ausdruck, daß das Böse dadurch in die Welt kam, daß der Mensch das Eine, Ganze der Schöpfungswirklichkeit zerteilt in Gut und Böse nach Maßgabe seiner Vernunft, die er absolut setzt. Er jagt nun dem nach, was er für gut hält und verliert dabei das Eine, Ganze aus den Augen.

Der Zweifel an Gott und an seiner Schöpfung, die so ist, wie sie ist, ist der Ursprung des Bösen und der Grund für alle Daseinsangst und den Verlust des Urvertrauens.

Gott erlöst die Menschen durch seine erbarmende Liebe, die sich in Jesus Christus verkörpert. Gott verzeiht allen alles, sein Erbarmen hat keine Grenzen. Aber Gott, die Liebe, zwingt nicht; er drängt sein Erbarmen nicht auf. Sein Erbarmen kann ich nur erreichen, wenn auch ich wie Gott bereit bin, allen alles zu verzeihen – auch meinen Feinden. Wer auch am Ende noch, im „jüngsten Gericht" unbarmherzig („verstockt") bleibt, wird nicht „mit der Hölle bestraft", denn die Unbarmherzigkeit selbst ist ja „die Hölle". Unbarmherzigkeit ist letztlich immer Selbsthaß und Selbstvernichtung und Selbstbestrafung, – wovor mich Gott retten möchte. Die Botschaft vom Gericht ist Frohbotschaft für alle, die sich nach vergebender Liebe sehnen, und Drohbotschaft für die Unbarmherzigen, die nach Rache dürsten.

Lebensprobleme
GUT UND BÖSE

1. Bild:
Hand mit Weizenkörnern

Reine Saat,
richtige Aussaat,
garantiert mir den Erfolg.
Ich muß und möchte
alles richtig machen.
Wer Ziele hat,
wer seine Ziele kennt,
der wird – so meine ich –
die Ziele auch erreichen,
wenn er alles richtig macht.

Schließlich muß ich doch
mein Leben selbst planen
und etwas daraus machen,
– das machen,
was *ich* will.

2. Bild: Acker

Der Acker
läßt das gedeihen,
was ich darauf säe.
Mein Leben ist ein Acker.
Ich hoffe,
daß all das aufgeht,
was ich säe, hege, pflege,
und daß ich
auf meine Rechnung komme:
zu Erfolg, Gewinn und Lust,
zu Reichtum, Macht
und Sicherheit.

Lebensprobleme
GUT UND BÖSE

3. Bild: Aufgegangene Saat

Die Saat geht auf.
Das Säen ist geglückt;
ich darf Erfolg erleben.
Das gibt mir Sicherheit
und macht mich gewiß,
daß es so weitergeht,
daß alles gut geht;
daß alles gut und richtig geht,
so wie es sein muß,
wie es sich gehört.

Ich suche mir
den rechten Platz im Leben,
den richtigen Job,
den richtigen Beruf,
den rechten Freund und Partner,
den richtigen Staat,
die richtige Kirche.
Ich will nur das,
was für mich gut und richtig ist.
Und wenn ich an Gott denke,
dann bin ich überzeugt:
Er will nichts anderes.

Lebensprobleme
GUT UND BÖSE

4. Bild: Unkraut im Weizen

Mein Acker, mein Leben,
sieht plötzlich anders aus,
als ich erwartet habe.
Anderes ist aufgegangen,
was ich nicht will,
was mir zuwider ist.
Un-Kraut,
das, was ich böse finde,
wächst auf meinem Acker
mit meiner „guten" Saat!
Es will meine Saat verdrängen,
meinen Erfolg
und mich zerstören.
Lange habe ich es nicht bemerkt.

Wer hat es gesät?
Ein Feind?
Vielleicht ich selbst,
ohne es zu wissen.
Es ist einfach da.
Soll ich –
muß ich es nicht
ausreißen und vernichten?

Lebensprobleme
GUT UND BÖSE

5. Bild: Unkraut

„Kraut" und „Unkraut",
Gut und Böse,
sind miteinander so verwurzelt,
daß man sie nicht trennen kann.
Sie können nur zusammen

leben oder sterben;
reiße ich das eine aus,
geht immer auch
das andere mit.

Ich muß mein Unkraut,
– dein Unkraut,
stehen lassen
und mit ihm leben lernen.
Mein Leben
wird zum Dauerkampf.

„Durchsetzen", „behaupten"
wird der Inhalt meines Lebens.

Ich muß froh sein,
wenn auch niemand anderer
mein Unkraut jäten will;
ich bin mit meinem Unkraut
untrennbar verwachsen.

6. Bild: Blüten

Vieles,
was ich als Unkraut sehe
und erlebe,

ist für sich betrachtet
gar nicht übel.
Was ist Kraut
und was ist Unkraut?
Weiß ich denn immer,
was gut, was böse ist?
Nicht alles, was mir,
meinen Überzeugungen
und Plänen,
zuwider ist,
ist böse.
Vielleicht brauche ich das andere,
das „Zuwidere", das Böse,
damit es mich in Spannung setzt,
in der sich die Kraft des Lebens
erst entfalten kann.
So dient das Böse
letztlich doch dem Leben
und dem Guten.

Lebensprobleme
GUT UND BÖSE

7. Bild: Strauß mit Unkraut und Weizen

Wer leben will,
muß *alles* gelten lassen;
es gibt das wahre Gute,
– aber nicht in Reinkultur.
Im Spannungsfeld
von Gut und Böse
gedeiht das Leben.
Das Leben lebt erst, –
das Gute ist erst gut,
wenn es sich bewährt
am Bösen.
Wer das „Kraut", den Weizen,
zeigen will,
muß alles, auch das Unkraut,
sehen lassen –
und das, was er für Unkraut hält.
Wir Menschen sind
nie reif genug,
daß wir das Gute und das Böse
bis ins letzte
unterscheiden und
erkennen könnten.
Das kann nur Gott.

8. Bild: Feuer

Gott wird am Ende richten –
und richtigstellen,
was gut und böse ist.
Dann wird das Gute leuchten,
und das Böse, Unbrauchbare,
wird verschwinden
in seinem Feuer,
das alles Tote
in Licht und Wärme wandelt.

Lebensprobleme

GERECHTIGKEIT UND LIEBE

Einführung

Unser Denken und Reden von Gott leidet darunter, daß wir unsere menschlichen Begriffe verwenden, wenn wir von Gott Aussagen machen oder wenn wir über Gott nachdenken.

Nun liegt aber all unserem Denken – bewußt oder unbewußt – die Erfahrung der Sünde, des Getrennt-Seins von Gott zugrunde; unsere Begriffe sind in erster Linie menschlich, und deshalb können sie das Göttliche nur indirekt zum Ausdruck bringen.

In dieser Meditation wird versucht, mit Hilfe der Symbole der Balkenwaage und der Federwaage das Wesen der göttlichen Gerechtigkeit im Unterschied zur menschlichen Gerechtigkeit bewußt zu machen.

Dadurch werden die Vorgänge von Schuld, Vergebung und Rechtfertigung aus dem Glauben einsichtig. Ferner wird deutlich, wie das Wesen christlicher Existenz in Liebe und Erbarmen besteht.

Unsere „sündige" Sprache

Sprache ist Ausdruck von Erfahrung; Sprache ist „geronnenes Erlebnis" (Klages). In den Ausrufungen, z.B. ah, oh, ui, au, zeigt sich der Urvorgang der Sprache, in der Erfahrungen „aus-gerufen" werden. Durch die Rationalität des Menschen entwickeln sich diese Ver-laut-barungen zur begrifflichen Sprache. Weil aber die Erfahrung von Gut und Böse (Erfahrung der „Ur-Sünde") aller menschlichen Erfahrung zugrunde liegt, ist sie auch eingegangen in unsere Sprache. Unsere Sprache ist eine Sprache von Sündern, die unser sündiges Dasein zum Ausdruck und zur Mitteilung bringt. Im allgemeinen wird uns das nicht bewußt. Nur an den Stellen, wo wir in unserer Sehnsucht nach Glück und Frieden über unseren sündigen, „normalen", Horizont hinausgreifen wollen, spüren wir plötzlich, daß wir keine Sprache und keine Begriffe mehr haben, um das entsprechend ausdrücken zu können, was wir zur Sprache bringen wollen. Am stärksten haben wir dieses Problem, wenn wir von Gott reden. Viele Mißverständnisse in Glaubensfragen könnten vermieden werden, wenn uns immer bewußt wäre, daß unsere Aussagen von Gott eigentlich nicht stimmen können, wenn wir sie verstehen wie Aussagen, die wir von irdischen Wirklichkeiten machen. Den sündlosen Gott kann man in einer sündigen Sprache eigentlich nicht zum Ausdruck bringen. – Dennoch offenbart sich Gott in der Sprache („Gott ist Wort"), aber wir müssen eben die „Sündigkeit" (also die Gespaltenheit unserer Begriffe) in unserer Sprache miteinkalkulieren.

Wir können von Gott nur „ähnlich", das heißt ahnungsweise reden. Wir Sünder, wir von Gott Abgespaltenen, haben in unserer Sehnsucht eine

Lebensprobleme
GERECHTIGKEIT UND LIEBE

„Ahnung" von Gott, die wir in der Sprache zum Ausdruck bringen. Der Kirchenlehrer Thomas von Aquin versucht die Aussagen von Gott in einem Dreischritt zu vollziehen: Behauptung – Verneinung der Behauptung – Wiederaufnehmen der Behauptung auf eine neue Art.

1. Gott ist „gerecht". Gerechtigkeit ist etwas Gutes; ohne menschliche Gerechtigkeit können wir nicht leben; so kann ich und muß ich sagen: auch Gott ist gerecht.
2. Gott ist nicht gerecht, so wie wir (sündigen) Menschen „gerecht" verstehen; unser Gerechtigkeitsbegriff paßt ganz und gar nicht auf Gott.
3. Gott ist gerecht, aber in einem ganz anderen Sinn, als wir Menschen „gerecht" verstehen. Seine Gerechtigkeit ist unendlich verschieden von unserer Gerechtigkeit.

Wenn wir uns bei allen begrifflichen Aussagen von Gott bewußt wären, daß unsere Aussagen hier etwas ganz anderes bedeuten, als wenn wir sie von Menschen machen, könnten viele Mißverständnisse und Verstehensprobleme vermieden oder gelöst werden. Die Theologie versucht gelegentlich durch Doppelworte wie „Gnaden-Lohn", „Gnaden-Gericht" oder „Gnaden-Gerechtigkeit" diese Spannung einzufangen und zu begreifen.

Wir Menschen sind „sündig". Das ist hier in unserer Betrachtung nicht moralisch gemeint, sondern existentiell: Wir leben in unserem Bewußtsein primär nicht aus Gott, sondern aus uns selbst. Uns fehlt die bewußte existentielle Bindung an den Schöpfer; wir haben sie nicht mehr – wir haben sie noch nicht wieder. In dieser Situation schaffen wir uns eine Gerechtigkeit („Ge-Rechtig-keit"), damit wir leben und überleben können. Wir haben dazu einen angeborenen Gerechtigkeitssinn: Schuld verlangt „Sühne"; Unrecht „schreit" nach Vergeltung; jede Untat muß bestraft werden. Diese Art von Gerechtigkeit (Vergeltungsgerechtigkeit oder Ausgleichsgerechtigkeit) ermöglicht uns das Leben auf dieser Erde. Nun ist aber beim einzelnen dieser Gerechtigkeitssinn vergiftet durch Egoismus, Habsucht und Maßlosigkeit, und wir sprechen dann besser von „Rache" und Rachsucht. Um die Rachsucht zu regeln und in Gerechtigkeit zu verwandeln, schafft sich der Mensch die Institutionen des Rechtsstaates. Durch Gesetze wird die Rachsucht (mit allen anderen „Süchten") so geregelt, daß ein System entsteht, in dem der Mensch irdisch leben und überleben kann. Im Rechtsstaat werden einerseits die menschlichen Bedürfnisse und Ansprüche (Grundrechte) festgestellt und begrenzt und andererseits wird ihre Erfüllung garantiert. So ist unsere Gerechtigkeit eine „Gesetzes-Gerechtigkeit"; im Grunde ist sie nichts anderes als legalisierte und verinstitutionalisierte Rachsucht.

Unsere „sündige" Gerechtigkeit

Lebensprobleme

GERECHTIGKEIT UND LIEBE

Auch wenn diese Gerechtigkeit die „Gerechtigkeit der Schriftgelehrten und Pharisäer" ist (vgl. Mt 5,20) und wenn „die Kraft der Sünde das Gesetz" ist, so ist diese „sündige" Gerechtigkeit doch zunächst und zumindest unsere irdische Lebensgrundlage. Diese Gerechtigkeit ist eine notwendige menschengemachte Einrichtung, die Gott insofern will, als sie für den Menschen lebensnotwendig ist. Wenigstens ein guter Staatsbürger muß der Mensch werden, wenn er auf dieser Welt leben will. Aber Gott will mehr und der Mensch braucht auch mehr als nur ein irdisch gesichertes Leben. Jesus wurde das Opfer dieser Gesetzesgerechtigkeit und Paulus bekämpfte mit Leidenschaft die Gesetzesgerechtigkeit und plädierte für die Gerechtigkeit aus dem Glauben (Gnaden-Gerechtigkeit). Aber das darf uns nicht zu der Meinung verleiten, wir könnten durch Abschaffung der Gesetzesgerechtigkeit die Gnadengerechtigkeit finden oder herstellen. Durch bloße Abschaffung der Gesetzesgerechtigkeit entstünde nur Chaos, Unordnung und Vernichtung. Der Mensch muß zu Gott finden, er muß von seinem Erbarmen durchdrungen und geformt werden. In dem Maß als ein Mensch tatsächlich von Liebe und Erbarmen durchdrungen wird, erübrigt sich die „Ordnung des Gesetzes". Insofern kann Paulus sagen, daß das Gesetz die Sünde offenbart, weil der Mensch an der Notwendigkeit der Gesetzesordnung erkennen kann, wie weit er noch von Gott, von Liebe und Erbarmen entfernt ist. In dieser Welt wird sich wohl die Gnadenordnung nie so durchsetzen, daß sie das ganze gesellschaftliche Leben trägt. Aber anfanghaft und keimhaft sollte sie spürbar werden durch die Glaubenden, die Böses nicht mehr mit Bösem vergelten müssen, und die dort von Herzen verzeihen können, wo die anderen hassen müssen. Das Symbol für die Gesetzesgerechtigkeit ist die zweiarmige Balkenwaage: Die Wucht und das Gewicht des Unrechts wird ausgewuchtet und aufgewogen durch das Gegen-Gewicht. Nehmen wir an, ein Mörder wird „gerichtet" dadurch, daß er zum Tode verurteilt wird, dann bleibt am Ende dieses Strafvollzuges ein zweiter Toter übrig. Sachlich betrachtet wird bei diesem Vollzug der Gerechtigkeit das Böse nur verdoppelt. Die folgende Bilder-Meditation will im ersten Teil das Wesen und die Eigenart unserer „sündigen" Gerechtigkeit bewußt machen.

Gottes Gerechtigkeit („Gnaden-Gerechtigkeit")

Auch wenn Gott zu unserer Orientierung Gesetze und Gebote gibt, auch wenn Gott unsere Gesetzesgerechtigkeit zunächst will, damit wir irdisch leben können, so ist seine Gerechtigkeit doch eine ganz andere. Zum wahren Menschsein und zur wahren „Rechtfertigung" gelangen wir schließlich nur durch seine Gerechtigkeit, das heißt durch sein Erbarmen. Um die Gerechtigkeit Gottes zu erahnen, müssen wir uns klar machen, daß wir unseren Begriff von der „sündigen" Gerechtigkeit nicht

Lebensprobleme
GERECHTIGKEIT UND LIEBE

auf Gott anwenden können und dürfen. Bei Gott ist alles anders; er vergilt nicht Böses mit Bösem, sondern mit Gutem, mit Liebe. Diese Erfahrung kommt nicht aus uns, sie muß in uns hineinkommen. Die Jesusgestalt und Jesusgeschichte ist der tiefste Ursprung dieser Erfahrung. Jesus ist die Verkörperung der Ewigen Liebe. Wer sich auf die biblische Glaubensgeschichte und schließlich auf Jesus einläßt, der kann zur Erfahrung kommen: Ich bin unbedingt, unendlich und unverlierbar geliebt. Wenn ich diese Erfahrung zulasse, beginnt in mir der Erlösungsprozeß: In der Liebe Gottes vermag ich mich selbst immer mehr anzunehmen, so wie ich bin; ich vermag mich in rechter Weise selbst zu lieben. In Gott und durch die Liebe Gottes gelingt es, daß ich mich selbst freue. Diese Selbstannahme verwandelt mich zu einem annehmenden und „annehmlichen" Wesen; ich werde für die Menschen liebend und „liebenswürdig". Wenn mir aufgeht, daß ich für Gott liebenswürdig bin, dann werde ich auch liebenswürdig für die Menschen. Durch das Annehmen der Liebe Gottes, wenn ich seine Liebe zulasse und in mich hineinlasse, – werde ich recht und gerecht. Diese Gerechtigkeit stammt nicht aus dem Gesetz (Vergeltung), sondern aus der Liebe (Verzeihen und Erbarmen), und darum ist sie auch eine ganz andere, eine „göttliche" Gerechtigkeit. Gott wiegt meine Bosheit nicht dadurch auf, daß er mir wie ein rachsüchtiger Mensch etwas Schlimmes antut, sondern dadurch, daß er mich mitsamt meiner Bosheit aufhebt und an sein Herz drückt. Freilich muß ich das zulassen und wollen (– aber das ist ja wohl die Sehnsucht jedes Menschen).

In den Bildern der Meditation wird diese göttliche Gerechtigkeit symbolisiert durch die Federwaage: Nach unten zieht das Gewicht meiner Bosheit, meiner Sünde und Schuld; nach oben zieht die haltende Kraft der Liebe Gottes, die immer größer ist als meine Schuld je sein kann; ich bin in jedem Fall „gut aufgehoben". Der Zeiger, der Kraftmesser zeigt einerseits die Schwere meiner Schuld und andererseits die Größe des Erbarmens. An meiner Schuld und Bosheit kann ich die Liebe Gottes ermessen, nur daß Gottes Liebe noch viel größer ist! Wer kein Schuldbewußtsein zuläßt, wer Schuld verdrängt, kann auch zu keiner Erbarmens- und Geliebtseins-Erfahrung gelangen. Der Sinn des Schuldbewußtseins (das nicht gleichzusetzen ist mit Schuldgefühlen) ist nicht Depression und Selbstverdammung, sondern die befreiende Erfahrung des Erbarmens und der Liebe Gottes. Ohne Gott, ohne Glauben muß Schuldbewußtsein immer zur Selbstverdammung führen; durch Gott wird das Schuldbewußtsein in Glückserfahrung verwandelt („glückselige Schuld"). So wird verständlich, warum Paulus immer auf den Glauben pocht als den einzigen Weg, der zur wahren Rechtfertigung und

Lebensprobleme
GERECHTIGKEIT UND LIEBE

Befreiung führt. Durch diese Betrachtung wird auch deutlich, daß viele Begriffe bei Gott etwas ganz anderes bedeuten als bei uns Menschen, z.B.:

Verdammung: Gott verdammt nie! Nur Menschen verdammen – sich selbst und andere. Wenn ich mich im „Jüngsten Gericht" einmal sehen darf und sehen muß, wie ich wirklich bin, – dann kann mich nur mehr die Liebe Gottes vor der Selbstverdammung bewahren.

Gericht: Gott richtet nicht, wie wir Menschen meistens richten durch „angemessene" Vergeltung des Bösen mit Bösem. Gott vergilt das Böse mit Erbarmen. Wenn der Mensch das Erbarmen annimmt und sich von Gott richten („reparieren") läßt, dann wird er wieder „recht" und glücklich.

Vergeltung: Vor Gott „gilt" mein ganzes Leben. Meine ganze Bosheit „gilt", nichts wird unter den Teppich gekehrt! Vergeltung heißt zunächst „Vergültigung". Dann wird jeder das Erbarmen empfangen, das er braucht – vorausgesetzt, daß er das Erbarmen annimmt. Gott zwingt nicht. Im Annehmen der Liebe (bewirkt vom selbstgerechten zum erbarmenden Wesen) besteht die „Eigenleistung" des Menschen. (Gott kann mich nicht ohne mich retten!)

Strafe: Gott straft nicht, wie Menschen strafen! Die „Strafe" Gottes besteht im Zulassen der Sünde, in der Anerkennung des Menschen, auch wenn er sich abwendet von Gott. Gott nimmt die Abwendung des Menschen ernst, und er erspart ihm nicht die Erfahrung dessen, was er tut und anrichtet. Der Gott-lose kann Gott, der ihm zugewandt ist, nicht mehr spüren – aber nur kurze Zeit. Der Prophet Jesaja (54,7) drückt das so aus: „Nur für eine kleine Weile habe ich dich verlassen (sollst du deine Sünde spüren), doch mit großem Erbarmen hole ich dich heim."

Vergebung: Gott befreit mich nicht von den Sachverhalten meiner Schuld, sondern von der Last. Ein Mörder bleibt auch nach der Vergebung ein Mörder. (Ein „befreiter" Mörder ist etwas ganz anderes als ein „nie gewesener" Mörder.) Man könnte die Schuld mit einem leeren Sack (Last der Leere) vergleichen, den ich Gott hingebe. Er gibt ihn mir zurück, prall gefüllt mit seiner Liebe. Wenn ich meine Schuld Gott hingebe und aus seiner Hand wieder

Lebensprobleme
GERECHTIGKEIT UND LIEBE

	annehme, verwandelt er sie in die tragende Kraft der Liebe. Das ist „Ver-Gebung"!
Sühne:	Sühne bedeutet auch von Gott her gesehen Wiedergutmachung des angerichteten Schadens. Aber das Wesen christlicher Sühne ist die Weitergabe des empfangenen Erbarmens und der empfangenen Liebe. In dem Wort „wie auch wir vergeben unseren Schuldigern" kommt das Wesen christlicher Sühne zum Ausdruck. Wenn die Bibel vom „Sühnopfer" und vom Sühnopfer Jesu spricht, muß uns bewußt sein, daß auf alle Fälle bei Jesus das Wort Sühne in einem überhöhten, anderen Sinn zu verstehen ist im Vergleich mit der irdisch-alltäglichen Bedeutung des Wortes.

„Einer trage des anderen Last; so werdet ihr das Gesetz Christi erfüllen" (Gal 6,2). Tragen – das ist das „Gesetz" Gottes, und das ist das „Gesetz", dem sich der Mensch unterstellt, der sich von Gott tragen läßt. Wer getragen wird, wird fähig zu tragen. Aus meiner eigenen Kraft bin ich nicht fähig, andere zu tragen und zu ertragen. Nur in dem Maß als ich mich getragen weiß, kann ich andere ertragen. Nur in dem Maß als ich Vergebung spüre, kann ich vergeben. Im Getragensein von Gott erhalte ich die Kraft, andere zu tragen. Was ich aufbringen muß, ist nicht die Kraft, andere zu tragen, sondern die Bereitschaft dazu. Wer nicht bereit ist, andere zu ertragen, den kann die tragende Kraft Gottes nicht erfassen. Gewiß ist alles Gnade, auch diese Bereitschaft! Aber im Bereich der Offenheit für Gott und die Menschen liegen die Momente der „Selbstbeteiligung" des Menschen. Gott ist immer der Ersthandelnde, aber ich selbst muß antworten, „re-agieren". Ohne meine Reaktion, die im Erbarmen zu den Mitmenschen und allen anderen Geschöpfen besteht, bleibt das Erbarmen Gottes wirkungslos auch für mich. In der Bilder-Meditation wird dies zum Ausdruck gebracht durch das getragene Gewicht, das ein anderes trägt.

Das Gesetz Christi

Lebensprobleme
GERECHTIGKEIT UND LIEBE

1. Bild: Ein Gewicht

Ein Gewicht ist schwer,
es lastet;
es wuchtet.
Es be-schwert mich:
es ist schwer für mich, es drückt
und macht mich schwer.

Alles Böse ist schwer,
es beschwert das Leben.
Durch das Böse entsteht Schuld.
Schuld drückt,
sie bedrückt mich,
und ich bedrücke
in meiner Schuld
andere.
Im Nicht-sein-Sollen
und Nicht-sein-Dürfen
dessen, was ist,
liegt die Last der Schuld.

Es gibt verschiedene
Arten von Schuld:
Die persönliche Schuld
– von mir verursacht.
Es gibt eine Schuld,
die einfach da ist,
die tragische Schuld,
in die ich verstrickt bin;
ich kann sie nicht vermeiden.

Leben heißt schuldig sein.
Leben heißt belastet sein.

Lebensprobleme
GERECHTIGKEIT UND LIEBE

2. Bild: Ungleichgewicht

Jede böse Tat
vermehrt die Schuld.
Jede böse Tat
schafft ein Ungleichgewicht.
Das Verbrechen
schreit nach Strafe
und Vergeltung;
es verlangt nach Ausgleich
und Sühne.
Unser angeborener
Gerechtigkeitssinn
ist ein Sinn für Gleichgewicht
von Schuld und Sühne,
Schuld und Strafe.
Nur ausnahmsweise
kann Gnade
für „Recht" ergehen.
Unsere Gerechtigkeit
ist die legale Form
der Rache.

3. Bild: Gleichgewicht

„Auge für Auge,
Zahn für Zahn."
„Wer Blut vergießt,
dessen Blut soll
vergossen werden."
„Strafe muß sein!"
Ohne diese Gerechtigkeit
ist menschliches
Zusammenleben
noch nicht möglich.
Nur in dieser Gerechtigkeit
kann ich leben
und mich frei
und sicher fühlen.

Der Rechtsstaat
sorgt für die Gleichgewichte:
Gleichgewicht der Freiheiten,
Ansprüche und Verpflichtungen.
Der Staat muß
das Gleichgewicht
von Schuld und Strafe regeln.

Lebensprobleme
GERECHTIGKEIT UND LIEBE

4. Bild:
Zwei gleiche Gewichte

Gleich-Gewicht
entsteht durch die Verdoppelung
des Gewichtes.

In unserer angeborenen
Gerechtigkeit
vergelten wir Böses mit Bösem.
Die Vergeltung ist gerecht,
wenn sie ausgewogen ist.
Die Kraft dieser Gerechtigkeit
ist das Gesetz,
und die Kraft des Gesetzes
ist die Sünde (nach Paulus).

Wir Menschen können
von Haus aus
nur als Sünder
und wie Sünder
unser Dasein regeln
und verwalten.

5. Bild: Federwaage

Gott ist anders.
Er will zwar unsere
Gerechtigkeit,
damit wir auf Erden
leben können
und uns nicht selbst vernichten.
Aber er handelt an uns
nicht nach unserer
Gerechtigkeit,
sondern nach seiner
ganz anderen Gerechtigkeit.
Seine Gerechtigkeit
ist Gnaden-Gerechtigkeit:
Sie besteht im Erbarmen
und Verschonen.

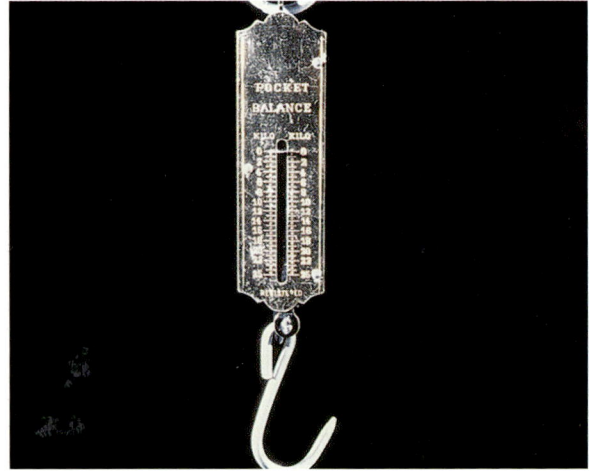

Lebensprobleme

GERECHTIGKEIT UND LIEBE

**6. Bild:
Gewicht an der Federwaage**

Gott vergilt nicht
Böses mit Bösem.
Er hebt den Sünder auf
mit der ganzen Last
seiner Schuld.

Gott trägt mich,
wenn ich mich tragen lasse.
Er trägt mich
mit allem,
was mich belastet:
meine Last
wird seine Last.

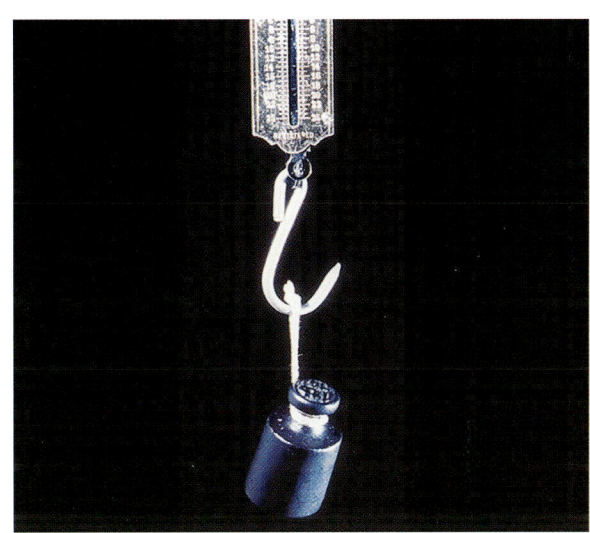

7. Bild: Gewichtsanzeige

Wenn Gott mich trägt,
wird alles offenbar:
die Größe und das Gewicht
meiner Schuld
und gleichzeitig
die Tragweite seines Erbarmens.

Weil Gott
mich in meiner Schuld
annimmt und trägt,
kann ich mich
in meiner Schuld erkennen
und bejahen.
Weil ich getragen bin,
kann ich mich selbst
ertragen
und muß nichts mehr
verdrängen.

Lebensprobleme

GERECHTIGKEIT UND LIEBE

8. Bild: Gewichte hängen aneinander

Gott zwingt mich nicht.
Aber er kann mich
in meiner Schuld nur tragen,
wenn ich bereit bin
die Schuld der anderen
zu ertragen.
Sein Erbarmen
gibt mir die Kraft,
auf Vergeltung zu verzichten
und mich der anderen
zu erbarmen.
Erbarmen
macht erbarmend.
Gott braucht von mir
die Bereitschaft zum Erbarmen;
die Kraft gibt er.

„Wenn eure Gerechtigkeit
nicht weit größer ist
als die der Schriftgelehrten
und der Pharisäer,
werdet ihr nicht
in das Himmelreich kommen."
(Mt 5,20)

„Einer trage des anderen Last;
so werdet ihr
das Gesetz Christi erfüllen."
(Gal 6,2)

„Vergib uns unsere Schuld,
wie auch wir vergeben
unseren Schuldigern."

SORGET NICHT!

Vertrauen

Einführung

Not und Sorge hier auf Erden kommen letztlich daher, daß der Mensch dem Schöpfer und damit der Schöpfung (so, wie sie ist) nicht mehr *vertraut*. Es ist die „Un-Treue" des Menschen, das Nicht-mehr-trauen-Können oder/und -trauen-Wollen, das den Menschen und sein Daseins-Glück stört und zerstört. Zweifel und Angst, Angst und Zweifel sind die Elemente, aus denen das „Miß-Trauen" besteht, das das Urvertrauen aufhebt. Alle diese Momente, Zweifel, Angst, Mißtrauen, Untreue sind in den Worten „Sünde" und „Schuld" zusammengefaßt. Von daher gesehen meint „Sünde" mehr den Vorgang und die Tat des Menschen und „Schuld" den Zustand, der dadurch herbeigeführt wird. „Sünde" ist Sonderung, Absonderung, Spaltung des Einen, Ganzen – Trennung der Urbeziehung Schöpfer-Mensch-Schöpfung, Isolation, Entfremdung, schließlich Selbstentfremdung und Selbstverlust. „Schuld" (von „skulan", sollen) ist der Zustand der Spannung zwischen dem Sein-Sollenden (das nicht (mehr) ist) und dem Nicht-sein-Sollenden, (das (noch) ist). Und dieser Zustand „ist nicht zum Aushalten". Der Mensch in Schuld braucht Lösung, „Erlösung", die Befreiung von der Angst, die Rückkehr ins Urvertrauen. Solange er keine Erlösung findet, „muß" er verdrängen, was zu immer dichterer Schuldverstrickung und zu immer größerem Selbstbetrug führt. (Was man mit „Gutem Gewissen" bezeichnet, ist häufig ein massiver Selbstbetrug!)

Sünde, Angst und Sorge

Daß Zweifel, Angst, Mißtrauen und Untreue das Lebensglück stören, zerstören und verhindern, das kann wohl jeder Mensch aus eigener Erfahrung bestätigen. In diesem Vakuum an Vertrauen (Schuldspannung) entsteht die *Sorge* („Bemühung um Abhilfe"). Der Mensch, der in seinem Mißtrauen die Fürsorge des Schöpfers ablehnt, wird notwendig zum „Selbstversorger". Er muß sich selbst ein neues Vertrauensobjekt „besorgen" und irgend etwas absolut setzen. So kommt es zum „selbstgemachten Selbstvertrauen", wenn ein Mensch seine Vernunft mit der ihr eigenen Gut-Böse-Kategorie absolut setzt und einzig und allein auf sich selbst, auf eine Ideologie, auf einen Menschen oder irgend etwas anderes vertraut. Nun zeigt es sich, daß ein Mensch immer scheitert, wenn er nicht auf das Absolute selbst (auf *das* Leben, auf *die* Liebe, auf Gott) vertraut, sondern auf etwas von ihm Absolutgesetztes (Vernunft, Ideologie, ein Mensch, ein anderes Geschöpf usw.) Der Prophet Jeremia

Vertrauen

SORGET NICHT!

bringt das ungeschminkt zum Ausdruck: „Verflucht der Mann, der auf Menschen vertraut; er ist wie ein kahler Strauch ..." (Jer 17,5).

Soll man nun auf nichts mehr vertrauen, auf keinen Menschen mehr, nicht mehr auf die Vernunft? Gewiß nicht; es geht hier um das *Grund*vertrauen. Das Grundvertrauen muß auf das Absolute, auf Gott, bauen, dann kann ich auch auf die Vernunft, auf Menschen usw. vertrauen, ohne zuschanden zu werden. Wenn zwei Menschen primär auf Gott, die Liebe selbst, vertrauen, dann brauchen sie keine Angst mehr zu haben, daß ihr gegenseitiges Vertrauen enttäuscht wird. Dann ist im Prinzip auch alle Verlustangst überwunden und die „ängstliche" Sorge wandelt sich in kreative Fürsorge. Es gibt natürlich den äußeren Bereich der Sorge, wo jeder dem Leben gegenüber verpflichtet ist, das Seinige zu tun. Aber auch dieser Bereich der notwendigen Sorge wird durch das Vertrauen von der lähmenden Angst entlastet.

Sorget nicht! Gott versorgt, Gott entsorgt

Das „Erlösungswerk" Gottes besteht im Grunde nur darin, daß Gott alles tut, um uns zu bewegen, daß wir zurückkehren in das Urvertrauen, das heißt in das Grundvertrauen auf das Absolute, auf die absolute Liebe, die sich in der Jesusgestalt verkörpert. Wer an die absolute Liebe glaubt, an die bedingungslose, unverlierbare Liebe Gottes zu allen Geschöpfen, wird befreit von aller ängstlichen Sorge; er wird „ent-sorgt" und gleichzeitig mit Liebe und Erbarmen „versorgt", mit dem er die Mitmenschen und Mitgeschöpfe wiederum „ent-sorgen" kann. In der Bibel und in der christlichen Glaubensgeschichte gibt es unzählige Impulse, Einladungen und Ermutigungen zur Rückkehr ins Urvertrauen. Vertrauen kann niemals erzwungen werden, auch von Gott nicht. Denn im Vertrauen bzw. Mißtrauen erweist sich die Freiheit des Menschen, der ein Risiko eingeht bzw. nicht (noch nicht oder nicht mehr) eingeht. „Werft alle eure Sorge auf ihn, denn *er* kümmert sich um euch!" (1 Petr 5,7).

Wege der Entsorgung

Gott kann uns das Risiko des vertrauenden Glaubens, der uns von aller Sorge befreit, nicht abnehmen, aber er hat alles getan, um uns diesen Glauben zu ermöglichen, indem er in der Jesusgestalt die ewige Liebe geoffenbart hat, die stärker ist als aller Haß und dadurch allen Haß überwindet. Diese Liebe hört nie auf! Sie wartet nur darauf, daß der Mensch auf sie und in sie eingeht, indem er selbst liebend und vergebend wird. Gott kennt den Menschen und seine Liebesfähigkeit und er vertraut darauf, daß jeder Mensch irgendwann, wenn auch erst im Tod, ihm vertraut. Alles, was Gott gesagt, getan und im Leben und Sterben Jesu geoffenbart hat, ist der vielfältige Versuch, den Menschen machtvoll aber

SORGET NICHT!

Vertrauen

gewaltlos zurückzuholen in die Geborgenheit seiner unendlichen Liebe. Manche Stellen in der Bibel sind geradezu „Entsorgungstherapien", so das gesamte Buch Ijob, in dem gezeigt wird, wie der leidgeprüfte Ijob durch kosmische Betroffenheit zurückfindet in das Urvertrauen: „Ich liege im Staub, aber ich atme auf!" (vgl. Ijob 42,6). Das Leidproblem kann mit der Vernunft nie gelöst werden. Es wird nur bewältigt durch ein so großes Vertrauen, das eine fraglose Annahme des Leids ermöglicht, freilich verbunden mit der Absicht, das Machbare in der Leidbewältigung zu tun.

Ähnlich versucht Jesus durch naturale Meditation die Menschen ins Vertrauen zurückzuholen und von der existentiellen Urangst und dem damit verbundenen Sorgezwang zu befreien. In der Bergpredigt spricht Jesus geradezu therapeutisch, indem er uns anleitet, von den Vögeln und den Lilien zu lernen (Mt 6,19–34): Gott kümmert sich ganz konkret und praktisch um alle Geschöpfe; warum sollte er sich dann um uns nicht genauso kümmern? Um diese Meditation, die uns Jesus selbst schenkt, nachzuvollziehen, müssen wir wissen, daß die „Lilien des Feldes", die in der Wüste Juda im Frühling überreich blühen, in unserer Region zu vergleichen sind mit den Blumen einer (ungedüngten) Frühlingswiese, besonders mit dem Löwenzahn, den Margeriten und den Gänseblümchen.

Die Betrachtung einer Amsel mit ihrem Nest und die Betrachtung von Wiesenblumen wollen in dieser Meditation zum Vertrauen anregen und die Augen öffnen für die Zeichen der Liebe Gottes in der Natur.

Vertrauen
SORGET NICHT!

1. Bild: Amsel

Die Amsel sucht Nahrung,
Nistmaterial.
Die Natur schenkt ihr,
was sie zum Leben braucht.
Aber sie tut von früh
bis spät das,
was das Leben von ihr verlangt.
Das Leben stellt an jedes
Lebewesen Anforderungen.

2. Bild: Amselnest

Wie man sich bettet,
so liegt man.
Viele bauen sich ein warmes Nest,
um warm zu liegen.

Viele Aufgaben sind einfach da;
man kann sie sich nicht
heraussuchen.
Wer leben will,
muß tätig, tüchtig sein;
er muß was „taugen",
Tugenden haben.
Jeder muß das Seine tun;
wer nur auf Kosten anderer lebt,
verwirkt das Leben.
Es gibt eine äußere
kreative Angst, die uns zwingt,
das zu besorgen,
was von uns zu besorgen ist.

Aber das Eigentliche,
was unser Leben ausmacht:
Freude, Glück, Zufriedenheit,
ist letztlich unbesorgbar.
Wer das Unbesorgbare
besorgen will,
vermehrt die Angst
und gerät in Panik.

Doch wie viel Kälte
herrscht oft in den überladenen
Luxuswohnungen;
das Nest macht nicht die Wärme,
es sammelt nur die Wärme,
die von den Bewohnern kommt.

Die Lebenswärme kommt
von innen, von der Liebe.
Wer die Liebe machen will,
vertreibt sie.
Für die Liebe sorgen kann nur
heißen:
der Liebe ein Zuhause geben.
Und dafür gibt es
viele Möglichkeiten;
jedes Vogelnest ist anders.

Vertrauen
SORGET NICHT!

3. Bild: Brütende Amsel

Die Amsel brütet:
Sie tut das Ihre
im Dienst am Leben.
Bald wird sie ihre Jungen füttern.
Alles zu seiner Zeit.
Die Dienstordnung des Lebens
ist vom Leben vorgegeben.
Das Leben fordert;
wer leben will,
muß gehorchen können.

Die Amsel tut, was sie muß,
und sie hat, was sie braucht.
Mehr braucht sie nicht.
Um das Unbesorgbare
kümmert sie sich nicht.

Daß sie lebt,
daß ihre Jungen leben werden,
das kann letztlich
sie nicht machen;
das bekommt sie geschenkt.
Gott ist es, der alles, was da lebt,
mit Segen erfüllt.
Gott speist alle Geschöpfe
und erhält sie jeden Augenblick
am Leben.
So zeigt er,
daß er alle Geschöpfe will
und keines aus seiner Liebe
fallen läßt. –
Auch mich nicht.

Alle Geschöpfe müssen
allerdings sterben,
viele sogar vor Hunger.
Aber wenn das vergängliche
Leben Liebe erfahren hat,
hat es seinen ewigen Sinn
bekommen.

Wenn es uns gelänge,
alles mit allen zu teilen,
müßte kein Mensch mehr
ohne Liebe sterben,
auch wenn noch Nahrung fehlt.
Hungersnot ist letztlich
Liebesnot.

Vertrauen
SORGET NICHT!

4. Bild: Halme des Nests

Nester sind vergänglich;
irgendwann zerfallen sie.
Nester sind da zum Wohnen,
zum „Verwöhnen".
Doch irgendwann sind sie
„verwohnt", unbrauchbar.

Sie haben ihren Dienst erfüllt,
wenn das Leben
über sie hinausgewachsen ist.
Zuerst ausgeschlüpft,
dann ausgeflogen,
– so entfaltet sich das Leben.
Alles Irdische ist nur
das Nest des Lebens –
„bleib nicht sitzen in dem Nest ...",
bleib nicht hängen
an den Schalen,
halte das Vergängliche nicht fest,
auch wenn es
lebensnotwendig war!
Und wenn das Nest
anfängt zu zerfallen,
ist es höchste Zeit,
flügge zu werden
im Vertrauen
auf das Leben selbst.

5. Bild: Wiese

Schaut die Blumen an,
wie sie wachsen!
Sie tun das Ihre,
nicht mehr und nicht weniger.
So sind sie ein Zeichen für das
ewige Leben:
Der Winter ist vergangen,
der Tod ist gestorben.

Weil die Blumen immer wieder
kommen,
so kann ihr Tod nicht ewig sein;
ewig ist das Leben,
das die Blumen immer wieder
erweckt
und neu belebt.

Vertrauen
SORGET NICHT!

6. Bild: Margerite

Daß die Blumen schön sind,
das erhielten sie geschenkt.
Salomo, der prächtigste König,
kann sich nicht messen
mit ihrer Schönheit.
Ewige Schönheit offenbart sich
in vergänglicher Gestalt.
Echte Schönheit
ist nicht gemacht;
sie ist geschenkt.
Der Künstler kann ihr
nur Ausdruck verleihen, –
und die beste Schminke
kann Schönheit nicht erzeugen,
sondern nur verdeutlichen.

7. Bild: Gemähte Wiese

Die Blumen sterben.
Die verschwenderische Pracht
vergeht, verdorrt.

Wer einmal blüht,
blüht für immer;
denn vergänglich ist
nur die Gestalt
und das Wesentliche
bleibt unsterblich.

Wenn nun Gott
sich um die Blumen kümmert
und sie für ihre kurze Zeit
so schön macht,
um wieviel mehr kümmert er sich
wohl dann um uns Menschen,
um unsere flüchtige Zeit
des Erdenlebens!
Er kümmert sich, auch wenn wir
es noch nicht glauben.

Vertrauen
SORGET NICHT!

8. Bild: Blumengesteck

Darum sorget nicht!
Euer Vater weiß,
was ihr braucht.

Sorgt nur dafür,
daß Gott in euch lebt
und daß das Vertrauen auf ihn
immer stärker wird!

Vertrauen
LEIDEN KÖNNEN

Einführung

Das Problem des Leids läßt sich mit dem Verstand nicht klären. Ein Teil des Leids kann auf menschliche Bosheit, auf Egoismus zurückgeführt werden; aber dadurch wird das Problem nicht durchsichtiger. Auch wenn man die Verantwortung des Menschen für einen Teil des Leids herausstellt und auf seine Vernunft pocht, kann man nicht hoffen, daß die Menschen das Leid in ihrem Einflußbereich bannen; niemand kann sich von Schuld und Schwäche selbst befreien. Gewiß muß jeder Mensch alles daransetzen, um für sich und die anderen das Leid zu bannen oder zu lindern; aber das genügt nicht, um sich dem Problem genügend zu stellen.

Die Unerklärbarkeit des Leids

Die vernunftmäßigen Erklärungen des Leids, z.B. Leid ist Strafe, Gott schickt Leid, damit sich die Menschen ändern und bessern, sind für sich genommen einfach unverständlich. Man fragt hier mit Recht: Was ist das für ein Gott, der sich solch grausamer Mittel bedient, wenn ihm als dem „Allmächtigen" alle anderen Mittel zur Verfügung stehen. Und wer kann verlangen, daß man einen solchen Gott lieben muß?!

Wenn wir leidende Menschen betrachten, begegnet uns eine Gruppe von leidenden Menschen, die im Leid und am Leid verzweifeln und scheitern – soweit wir es beobachten können. – Es begegnet uns der leidende Jesus, der durch sein Leiden „in seine Herrlichkeit einging". Sein Leiden und Sterben war kein Scheitern. Schließlich begegnet uns wieder eine Gruppe von Menschen, die sich im Leid so gewandelt haben, daß ihr Leid nicht mehr weh tut. Wenn nun solch ein Mensch von sich sagt: „Gott hat mir das Leid geschickt, um mich ganz frei zu machen", dann klingt dieser Satz anders als der „Lehrsatz": „Gott läßt das Leid zu, damit ..."

Der leidende Mensch

Es kommt also vor, daß Menschen im Leid nicht scheitern, sondern reifen. Leid und Glück sind keine Gegensätze – so paradox es klingt.

Die Qualen des Leids entspringen dem negativen Verhältnis, das viele Menschen zum Leid haben. Der Pfarrer von Ars sagt dazu ganz schlicht: „Wer dem Kreuz davonläuft, rennt unter seine Wacht." Wer andererseits sein Kreuz annimmt, annehmen kann, – den trägt das Kreuz; das heißt, der kommt zu neuen, ungeahnten Wirklichkeiten. Wenn ebenfalls der

Das Leiden am Leid

Vertrauen

LEIDEN KÖNNEN

Pfarrer von Ars sagt: „Das ist unser größtes Kreuz, daß wir das Kreuz nicht lieben", dann spricht er nicht für den Masochismus, der sich am Leid ergötzt, sondern er spricht jenen geheimnisvollen Vorgang an, bei dem ein Mensch durch die Annahme des Leids aufhört zu leiden. Die äußere Leidursache oder leidauslösende Situation bleibt, aber der Mensch verändert sich so, daß er aufhört zu leiden. Er ist „darüber hinweg", obwohl er objektiv noch im Leid ist; das Leid verliert seinen Stachel. Bei der Betrachtung des Vorganges, daß ein Mensch im Leid glücklich wird, muß man immer beachten, daß derartiges vom Menschen nicht willkürlich gemacht werden kann; einerseits bedarf es der grundsätzlichen Bereitschaft zum „Kreuztragen" (Leidtragen, Leiden), andererseits wird dieser Verwandlungsprozeß des Leidens nicht als Leistung, sondern als Gnade, als Geschenk empfunden. Auch im angenommenen Leid – nicht nur in der Freude – kann der Mensch beschenkt und glücklich werden. Letztlich bedeutet das: Der Mensch wird glücklich (Gott macht den Menschen glücklich) in der Freude und im Leid. In unserem diesseitigen Erfahrungsraum wird dies freilich nur in einigen Fällen und an einzelnen Beispielen besonders deutlich. Dem, der mit „dem Herzen sieht", kann an diesen „Fällen" und damit auch im eigenen Leben diese Wirklichkeit vom „erlösenden", „befreienden" oder „beglückenden" Leiden aufgehen.

Das Leid, ein Zeichen

Von diesen Erfahrungen her – und nur von daher – erscheint das Leid als Signal oder Symptom für zu wenig Leben, für zu wenig Verwandlung. Wer leidet, ist noch zu wenig verwandelt, – hat sich noch zu wenig verwandeln lassen. Wer „am Leid leidet", ist noch zu wenig im Leben. – Mehr oder weniger werden wir alle bis zu unserem Tod leiden; dies bedeutet, daß unsere Lebenszeit zu kurz ist und daß es hier nicht möglich ist, ganz frei und glücklich zu werden, – ganz ins Leben zu kommen.

Leiden, ein Lern- und Lebensprozeß

Für die Bewältigung des Leidproblems ist es wichtig, das natürliche Leid von dem Leid zu unterscheiden, das erst durch die Bosheit und den Haß und die grundsätzliche Leidensunwilligkeit des Menschen kommt. Viel Leid kommt durch die Bequemlichkeit und die Selbstverwöhnung des Menschen. Leiden gehört zum Leben. Freude und Leid sind eine Gegensatzeinheit, bei der das eine ohne das andere nicht existieren kann, wie bei Berg und Tal. Wenn es nur Freude und Lust gäbe, wäre die Freude keine Freude mehr!

Vertrauen
LEIDEN KÖNNEN

Im Leiden steckt die Schubkraft des Lebens, in der Freude die Zugkraft („Attraktion"). Das Leid zwingt mich, alle Kräfte zu mobilisieren, um das Leid zu überwinden. Und was an äußeren Leidursachen nicht beseitigt werden kann, muß *ertragen* werden. Leiden ist ferner der wirksamste Lernprozeß, der mich in die Tiefen des Lebens führt. Leiden, Leidtragen, führt zu Einsichten, die anders nicht gewonnen werden können. „Das Leid hat einen Sinn, wenn ich dabei ein anderer werde."

Unsere Bilder-Meditation möchte auf diesen Vorgang aufmerksam machen. Die Nägel (das Leid), die mich bedrohen, zerfleischen, vernichten wollen, können mir nichts antun, weil ich sie annehme; sie biegen sich und fügen sich zum Ornament. Die Verwandlung der Nägel ist eigentlich meine Verwandlung: Nicht das Leid verwandelt sich, sondern ich verwandle mich im Leid zur Freude, zum Leben.

Vertrauen
LEIDEN KÖNNEN

1. Bild: Nagelhaufen

Wo man hinschaut
– Leid. Überall Leid!
Solange es die anderen betrifft,
fühle ich mich noch wohl.
Ich schaue nicht hin,
sonst bekomme ich Angst,
denn es könnte ja
auch mich treffen.
Ich will nicht leiden.
Ich will alles tun,
um nicht zu leiden.
Das darf ich doch!
Das muß ich doch?!

2. Bild: Nagelspitze

Nun muß ich doch hinschauen:
Ganz in meiner Nähe leidet ein
Mensch, ein Nahestehender.

Ich kann ihn nicht übersehen.
Ich bekomme Mitleid,
ich kann mich ihm
nicht entziehen.
Ich sehe und spüre
den anderen leiden
und erkenne, wie Leid ist:
scharf, hart, unerbittlich,
unausweichlich.
Leid richtet sich genau dorthin,
wo es am meisten weh tut.

Warum?
Warum kann man es
nicht vermeiden?
Warum hast du, o Gott,
es nicht vermieden?
Diese Frage bekommt
nie eine Antwort.
Aber das „Warum" kann sich
wandeln in ein „Wozu".

Vertrauen
LEIDEN KÖNNEN

3. Bild: Viele Nagelspitzen

Immer mehr Leid muß ich sehen,
Leid in allen Formen:
Krankheit, Verlust, Mißerfolg,
Tod, die Bosheit der Menschen …
Es hat mich noch nicht direkt getroffen,
aber ich bekomme Angst
und möchte fliehen.

Ich muß erkennen,
wie töricht es ist,
immer auf Leidlosigkeit zu hoffen.
Noch wehre ich mich,
aber irgendwann kann ich mich nicht mehr entziehen.

4. Bild: Nagelspitzen, auf mich gerichtet

Ich kann nicht mehr aus,
jetzt geht es mich an.
Warum gerade mich?
Warum soviel auf einmal?

Keine Aussicht auf Entkommen.
Ich schreie.
– Nichts! – Niemand hilft.
Ich bin allein. Ich bin erschöpft.
Ich bin am Ende.

Irgendwann kann und will ich mich nicht mehr wehren.
Ich gebe nach, ich lasse los,
mein Möglichstes habe ich getan.
„Sein oder Nichtsein"
ist jetzt die Frage;
ich nehm's auf mich.

Vertrauen
LEIDEN KÖNNEN

5. Bild: Krummer Nagel

Allmählich bin ich
bereit geworden,
das unabänderliche Leid
anzunehmen.
Und nun kommt es ganz anders,
als ich es erwartet habe:
Das angenommene Leid
betrifft mich sehr,
aber es vernichtet mich nicht.
Das angenommene Leid
verliert seine Bedrohlichkeit.
Dem Leid ist die Spitze
genommen,
– abgebogen.

Ich stehe mitten im Leid
und erlebe:
Die Angst wird weniger,
jetzt tut es nicht mehr so weh,
denn ich kann es zulassen,
und das Leid fängt an,
mich loszulassen.

Wer Leid trägt,
wird vom Leid ertragen
und beginnt sich zu verändern.
Das Leid wird anders,
weil ich anders werde,
ich bekomme ein
neues Verhältnis.

Vertrauen
LEIDEN KÖNNEN

6. Bild: Mehrere gebogene Nägel

Leid wandelt sich, –
Leid wandelt mich.
Jetzt sehe ich alles Leid –
und überhaupt alles –
neu und anders.
Weil ich vergeblich
alles getan habe,
um das Leid zu überwinden,
und weil ich mich nun fügen kann
und das Leid ertragen will,
kommt auch die Kraft zum Tragen.
Durch das angenommene Leid,
durch das Leiden,
wächst meine Tragfähigkeit
und Belastbarkeit
und es schwindet
meine Angst vor dem Leid.
„Was mich nicht umbringt,
macht mich stärker" (Nietzsche).

Vertrauen
LEIDEN KÖNNEN

7. Bild: Die Nägel ordnen sich

Ich gewinne neue Einsichten
und erfasse tiefere
Zusammenhänge.
Ich fange an zu erahnen,
daß das Leid einen Sinn hat.
Das Leid – die vielen Leiden –
bekommen eine Mitte.
Sie führen mich zur Sinnmitte
des Lebens,
die auf bequeme Weise
nicht zu erreichen ist.

Dort, wo ich meinte
unterzugehen, entspringt Leben,
genau mein Leben.
In meinem Leid komme ich
zum eigentlichen Leben.
Alles Erlittene
geht nie mehr verloren.
Sich und die anderen
besser „leiden können" –
das ist die Frucht des Leidens.

Gott kann uns alle „leiden",
damit auch wir uns
„leiden" können.

Was ist das Leid?
Ein Zeichen, das mir zeigt,
wie unreif und unerfahren
ich war und vielleicht noch bin!

8. Bild: Nagelrosette

„Gott hat alles recht gemacht
durch seine Gnad'"!

Herr,
wenn ich am Ende bin
und nicht mehr kann,
verwandle mich immer wieder
durch dein Leiden-Können!

Vertrauen
MIT DEM KREUZ LEBEN

Einführung

Viele Menschen leiden, weil sie das Leben nicht so annehmen können, wie es ist. Sie haben ihr Glück zu sehr davon abhängig gemacht, daß ein selbstentworfener Lebensplan und eine selbstentworfene Vorstellung vom Glück in Erfüllung gehen.

Gott ist anders; das Glück, das Leben, die Liebe, – der Sinn des Lebens, sind anders, als ich es haben möchte. In der Lebenskatastrophe wird sichtbar, wie falsch ich liege bzw. gelegen habe.

Ich kann mir und meinem Leben nicht selbst den Sinn verleihen; das Leben, mein Leben, hat von sich aus seinen Sinn, und diesen Sinn muß ich mir *geben lassen*. Letztlich ist Gott selbst der Sinn von allem.

Was muß ich tun? Als Antwort finden wir bei Lk 9,23 ff. die Antwort: „Zu allen sagte er: Wer mein Jünger sein will, der verleugne sich selbst, nehme täglich sein Kreuz auf sich und folge mir nach. Denn wer sein Leben retten will, wird es verlieren; wer aber sein Leben um meinetwillen verliert, der wird es retten. Was nützt es einem Menschen, wenn er die ganze Welt gewinnt, dabei aber sich selbst verliert und Schaden nimmt?"

Sein Jünger sein heißt: zu ihm gehören, im Leben sein; befreit sein vom Egoismus und von allem Haben-Müssen. Bei Jesus sein heißt: in der Freiheit, in der Liebe, im Leben – in Gott – sein.

„Wer mein Jünger sein will ..."

Wer ins Leben kommen will, wer den „Sinn" finden will, muß damit rechnen, daß er immer wieder eigene, liebgewordene Wünsche, Pläne, Vorstellungen aufgeben muß. Er wird immer wieder erkennen und hinnehmen müssen, wie falsch und wie „quer" er liegt. Das Leben „kommt immer anders, als man denkt".

„... der verleugne sich selbst ..."

Die Kraft zum Verzicht auf das Egoistische kommt aus dem Vertrauen auf die Kraft des Lebens selbst: Ich brauche mein Leben nicht selbst meistern; das Leben (Gott) selbst wird mir die Kraft dazu geben. Ich muß mich nur dem Leben lassen. Ich brauche meinem Leben nicht selbst den Sinn zu geben; es hat seinen Sinn, ich muß ihn mir schenken lassen.

Vertrauen
MIT DEM KREUZ LEBEN

„… nehme täglich sein Kreuz auf sich …"

Wenn ich das, was täglich auf mich zukommt, das Angenehme wie das Unangenehme, gelten lasse, – wenn ich es an-nehmen, zu-lassen und sein lassen kann, dann komme ich ins Leben und umgekehrt kommt das Leben in mich.

Sein „Kreuz" auf sich nehmen heißt: sich „kreuzen" lassen; sich nicht scheuen, in den Kreuzungspunkt hineinzugeraten; keine „Umgehungsstraßen" bauen, keine Auswege suchen!

Dort, genau in dem Punkt, wo ich es nicht vermuten und berechnen kann, werde ich das Leben selbst erfahren. Dort finde ich das wahre Glück. Ich erlebe meine Identität: Ich weiß, wer ich bin in dem Augenblick, in dem ich selbst aufgenommen werde von dem, was auf mich zukommt. Dort, wo ich mich finden lasse, finde ich mich selbst.

„… und folge mir nach."

Das Leben Jesu war ein „Kreuzungsweg", ein „Kreuzweg"; er hat sich von allen Menschen „kreuzen" lassen. Alle wurden von ihm aufgenommen und angenommen. Er gab allen Anteil, auch Judas. Er flieht nicht vor denen, die ihn verraten und töten. Er gibt auch denen Anteil, die diesen Anteil noch nicht annehmen können: Er geht „ins Kreuz" bis hin zur Kreuzigung. Sein Weg ist der Weg zum Leben. Dies gibt uns den Mut zum Risiko, daß auch wir den Kreuzweg („Kreuzungsweg") unseres eigenen Lebens wagen und täglich neu damit beginnen.

Das Kreuz, ein Ursymbol

Das gleichschenklige Kreuz – das uralte Heilszeichen der Menschheit. Es verdeutlicht die Einheit der Gegensätze. Im Kreuzungspunkt sind die Gegensätze vereint: oben und unten, links und rechts. Diese Lebenswirklichkeit und Lebenswahrheit von der Einheit der Gegensätze kann mit der Vernunft nicht gewonnen werden. Sie muß gesehen, erfahren und angenommen werden. Symbole kann man nicht erklären; sie erschließen sich, wenn man mit ihnen lebt.

Um zur Lebensentfaltung und zur Lebensreife zu gelangen, muß ich immer wieder anderes, Fremdes, Entgegengesetztes, Neues, annehmen und aufnehmen und selbst verarbeiten; ich muß selbst leben, aber ich kann nicht *aus* mir selbst leben.

Um zum Leben zu gelangen, um zu erlangen, daß *das* Leben *mein* Leben wird, muß ich das Leben selbst annehmen. Die Begegnungen mit dem Leben brauche ich mir nicht zu suchen; sie sind da, das Leben selbst führt mich in sie hinein.

Vertrauen

MIT DEM KREUZ LEBEN

In meiner „Verstocktheit" braucht es oft „Zusammenbrüche", die zu „Aufbrüchen" werden für das andere, für das Neue, noch Unbekannte, für das Leben. Es kann nicht immer alles „glatt" gehen.

Diese Meditation will durch das Einleben in das Kreuzsymbol und in die oft schmerzlichen „Kreuzungsvorgänge" bewußt machen, daß selbst die Zusammenbrüche in meinem Leben zu wertvollen Impulsen werden können. Zusammenbrüche können Aufbrüche werden zu einer ungeahnten Lebensfülle und Lebenstiefe.

Vertrauen
MIT DEM KREUZ LEBEN

1. Bild: Zwei Stäbe

Geradesein.
Stäbe, gerade gewachsen,
biegsam und voll im Saft.
Ein Stab, – ein Sinnbild
meiner selbst.

So bin ich, so möchte ich sein:
allem gewachsen,
dem Leben gewachsen.
Voll Saft und Kraft, gesund, –
gut ausgebildet und versichert,
gerade und richtig,
mit mir voll zufrieden.

Ich will richtig sein
und alles richtig machen;
ich weiß, was ich will.
Ungebrochen,
mit Sicherheit bin ich am Werk,
die Ziele zu erreichen,
die ich mir vorgenommen habe
und von denen ich
mein Glück erwarte.
Eigentlich müßte alles
glatt gehen.

Ich brauche das Gefühl
und das Bewußtsein,
daß ich etwas kann, etwas leiste,
daß ich mich durchsetze:
dann bin ich jemand
und tauge für das Leben.
Ohne Selbstwertgefühl und
Selbstwertbewußtsein
kann niemand leben.

Vertrauen

MIT DEM KREUZ LEBEN

2. Bild: Gebogener Stab

Gespanntsein.
Belastbar:
Die gespannte Kraft zeigt,
was sie kann
und was sie aushält.
Ich vertraue meiner Kraft,
die sich bewährt
und schon oft bewährt hat
in der Belastung.

In der Belastung
wachsen meine Kräfte;
ich trainiere und werde
von Mal zu Mal stärker,
mein Vertrauen in mich wächst.
Die durchgestandene Belastung
gibt mir die Sicherheit,
daß ich im Lebenskampf
immer siegen werde
und daß letztlich alles so verläuft,
wie ich es will.

Vertrauen

MIT DEM KREUZ LEBEN

3. Bild: Überspannter Stab

Überspanntsein.
Gespannt, belastet
bis zum äußersten.
Das Leben nimmt nicht immer
Rücksicht auf die Belastbarkeit
und auf die Ziele,
die ich mir gesetzt habe.
Irgendwann und irgendwie
kommt die Belastung,
die mir die Grenzen meiner
Kräfte zeigt.

Mehr kann ich nicht
mehr verkraften;
ich bin restlos ausgelastet, –
ein wenig schon darüber:
„angeknackst"!
Ich fange an,
nicht mehr zu können.
Es geht auf Biegen und Brechen.

Zweifel kommt.
Ich beginne,
mir nicht mehr zu trauen.
Das angeknackste
Selbstvertrauen läßt auch die
Kräfte schwinden,
die ich noch habe;
ich werde schwächer, als ich bin.
Ich fühle mich nicht mehr stark.
Hab' ich mir die Kraft
nur eingebildet?
Mit letzter Kraft
kämpfe ich um meine Kraft
und versuche,
mich selbst zu bestärken
und mir Mut zu machen.

Vertrauen

MIT DEM KREUZ LEBEN

4. Bild: Gebrochener Stab

Zusammengebrochen.
Die Last war zu groß,
meine Kraft,
trotz aller Anstrengung,
zu schwach:
ich bin zusammengebrochen,
jetzt ist alles aus!

Unfaßlich, daß gerade mir
das passieren muß!
Ich bin restlos am Ende,
ohne Hoffnung,
daß ich je wieder
zu Kräften komme.

Alle Pläne, Wünsche, Ziele: aus!
Ende! Nichts mehr!
Nichts mehr ist richtig,
das Oben ist zum Unten geworden.
Ich habe nichts mehr vor,
nichts mehr vor mir.
Alles ist sinnlos geworden.
Ich habe nichts mehr, worauf
ich setzen, hoffen, trauen könnte.
Nur dies weiß ich gewiß:
Ich bin gebrochen.
Schuld, Leid, Enttäuschung,
– Nullpunkt.
Dort in meiner Mitte,
wo ich mich am stärksten fühlte,
bin ich aufgebrochen
und alle Kraft ist ausgeflossen.
Wer will von mir verlangen,
daß ich noch weiterlebe?

Vertrauen

MIT DEM KREUZ LEBEN

5. Bild:
Zwei gebrochene Stäbe

Zusammen-Brüche.
Es kann geschehen,
daß mir im Zusammenbruch
der Blick eröffnet wird
für das Zusammenbrechen
auch der anderen, –
daß mir die Bruchstelle
des anderen,
sein gebrochenes offenes Herz
nahe-kommt.

Wenn alles „richtig" ist
und „glatt" geht,
wenn alle tüchtig sind
und sich keine Blöße geben,
bleibt das Leben oberflächlich,
man lebt aneinander vorbei.
Der Zusammenbruch
als Aufbruch
eröffnet die Tiefe des Lebens.
Wo ich zusammengebrochen bin
und wo du
zusammengebrochen bist,
sind wir offen geworden
füreinander.
Nur ein Zusammengebrochener
kann den
Zusammengebrochenen
verstehen.

Stark sein heißt schließlich:
die eigenen Zusammenbrüche
und die des anderen
zulassen, sehen und
annehmen können.

Vertrauen

MIT DEM KREUZ LEBEN

6. Bild: Vereinte Stäbe

Einswerden.
Zutiefst verletzt,
zutiefst gebrochen,
bin ich offen geworden,
den anderen in seiner
Gebrochenheit anzunehmen
und aufzunehmen.

Die Bruchstellen,
die Stellen,
wo sich Schwäche offenbart,
ermöglichen die innigste
Begegnung, das tiefste Einssein.
Im Einssein der
Zusammenbrüche –
im Ja zu deiner
und zu meiner Schwäche –
entsteht die Kraft
zum Auferstehen,
zum neuen Leben.
Ich lebe neu und anders,
nicht mehr aus
den eigenen Kräften,
sondern aus der Mitte,
die ich empfing
in der Verschmelzung
der Zusammenbrüche.

Die schwächste Stelle
wird nun meine stärkste.
Ich bin nicht mehr
nur den eigenen Kräften
und dem Versagen ausgeliefert,
weil ich erfahren darf,
daß die Kraft des Lebens
gerade in der Schwachheit
der Geschöpfe wirkt.
Ich traue,
ich getraue mich wieder,
ich traue allen anderen, –
ich traue dem Leben:
Mag kommen, was will,
wenn wir wieder
einmal erschöpft sind,
wird uns das Leben,
die Kraft der Liebe,
wieder neu beleben.

Vertrauen
MIT DEM KREUZ LEBEN

7. Bild: Gekreuzte Stäbe

Einssein.
Ich bin ins Kreuz gekommen,
in den Punkt,
in dem die Gegensätze eins sind:
Niederlage und Sieg,
Tod und Leben,
Ende und Anfang, –
Du und Ich.

Wir sind eins im Kreuz.
Dort, wo wir füreinander
und zueinander gebrochen sind,
ist aus dir und aus mir
das Wir geworden.

Jede Kreuzung –
ja sogar die Kreuzigung –
bewirkt neues Leben,
wenn ein Du,
das große Du Gottes,
in das Leben tritt.

Laß dich kreuzen,
nimm täglich dein Kreuz auf dich,
die Schwäche deines Lebens,
und folge mir.
Ich bin dein Leben,
dein Weiterkommen,
immer und überall.

8. Bild: Kreuz

Heilszeichen.
Herr,
das Kreuz, dein Kreuz,
die gekreuzte, gekreuzigte Liebe,
ist das Leben.

Das Kreuz ist
für die einen eine Torheit,
für die anderen ein Ärgernis,
für die Glaubenden
Gotteskraft und Heil.

Laß mich mein Kreuz
täglich auf mich nehmen

und laß mich
in den Begegnungen des Lebens
und in den vielen Toden
enttäuschter Hoffnung
auferstehen!

Vertrauen
HALT FINDEN

Einführung

Die Haltlosigkeit ist ein Hauptproblem des Lebens. Immer wieder sind wir ungehalten und haltlos, weil wir „unser Haus" (unser Leben) auf „Sand" bauen und nicht auf „Felsen" (vgl. Mt 7,24–27). Der Mensch ist frei als Baumeister seines Lebens, das heißt, er muß sich überlegen und dann sich entscheiden, worauf er baut. Der Baugrund ist da, aber bauen muß ich selbst.

Der Mensch ist von Natur aus unselbständig; er „muß" auf irgend etwas vertrauen, um selbständig zu werden. Die Schicksalsfrage ist: Auf wen, auf was kann ich vertrauen? Auf wen, auf was kann ich mich verlassen? Das Leben bietet ein schillerndes und verführerisches Angebot: Vertraue ich nur auf mich selbst, auf meine Vernunft, auf Konsum, Erfolg und Macht, – auf einen anderen Menschen, auf eine Ideologie … oder auf Gott?

Im Leben erweist es sich, daß letztlich nur das Vertrauen auf Gott trägt, auch wenn der „Aufbruch zu Gott" meist nur durch Zusammenbrüche im Leben erreicht wird. Gott zwingt mich nicht; er lädt mich ein zum Vertrauen auf ihn. Ich mache mir in meiner materialistischen und egoistischen Einstellung oft „falsche" Hoffnungen, die dann in den „Ent-Täuschungen" in ihrer Falschheit entlarvt werden.

Die Metapher: „Gott, du bist mein Fels" wird in der Bibel sehr oft aufgegriffen, um uns zum Gottvertrauen zu ermuntern. Im Folgenden wird diese Metapher in Bild und Wort ausgeführt in der Absicht, daß der Fels als Symbol für die Treue und absolute Zuverlässigkeit Gottes wieder stärker zum Tragen kommt.

Vertrauen

HALT FINDEN

1. Bild: Felsen, Felswand

Fels –
felsenhart, felsenfest
bei Wind und Wetter,
Sonne und Hitze,
Schnee und Kälte,
trotzt der Fels
dem Wechsel der Gezeiten.
Er hält aus,
er hält durch,
er steht in sich,
er hat den Halt in sich,
er ist fest „gegründet".
Im Schwanken der Gefühle,
im Wechsel vieler Lebenslagen
braucht der Mensch
den Halt in sich –
die Identität,
die durchhält,
aushält,
die angegriffen,
doch nicht
erschüttert werden kann.

*„Ich hebe meine Augen
auf zu den Bergen:
Woher kommt mir Hilfe?
Meine Hilfe kommt vom Herrn,
der Himmel und Erde
gemacht hat."
(Ps 121,1 und 2)*

Vertrauen
HALT FINDEN

2. Bild: Hand, die nach dem Felsen greift

Un-gehalten sein.
Der Mensch an sich
ist noch halt-los,
un-gehalten.
Er hat den Halt,
den er braucht,
um im Leben stehen
und das Leben bestehen
zu können,
noch nicht als eigenen Halt.
Er muß den Halt, der da ist,
suchen, finden und ergreifen.
Was soll,
wer, was kann mich
im Leben halten?
Ich mich selbst?
Ein anderer Mensch?
Konsum, Besitz, Macht?
Oder nur das Leben selbst
in seinem Urgrund:
Gott, die Liebe?

„Gott ist der Fels meines Herzens
und mein Anteil auf ewig."
(Ps 73,26)

3. Bild: Fels mit Bäumen

Halt geben.
Der Fels trägt,
er ist belastbar.
Er kann sich
und andere halten,
weil in ihm
die Haltekraft
zur Wirkung kommt.
Wer Halt in sich hat,
wird selbst zum Halt
für andere.
Indem ich andere
halte und ertrage,
spüre ich die Kraft in mir,
die mich trägt und hält:
die Kraft der Liebe,
die ich habe,
aber nicht selbst erzeugen kann.
Wenn zwei Menschen bereit sind,
sich gegenseitig zu ertragen,
sind sie offen
für das Geschenk des Lebens:
die Liebe, die alles erträgt.

„Die Liebe erträgt alles,
glaubt alles,
hofft alles,
hält allem stand.
Die Liebe
hört niemals auf."
(1 Kor 13,7–8)

Vertrauen
HALT FINDEN

4. Bild: Mensch, am Felsen lehnend

Anlehnen.
Was nicht selbst stehen kann,
muß sich anlehnen,
wenn es nicht liegenbleiben soll.
Der Mensch ist von sich aus
hinfällig
und unselbständig;
er ist anlehnungsbedürftig.
Wenn ich mich anlehne,
gewinne ich Anteil
an der Kraft dessen,
der mich hält und aushält:
Seine Standfestigkeit
gibt mir Standfestigkeit.
Der, der mich hält,
muß stärker sein als ich;
er darf nicht nachgeben,
auch wenn er sich mir anpaßt;
er muß zuverlässig,
unerschütterlich
und sicher sein;
er darf nicht wanken
oder gar zusammenbrechen.
Er muß treu sein,
dann kann ich mich
ihm anvertrauen.
Im Vertrauen auf ihn
wird seine Stärke
meine Stärke.
„Trau, schau, wem!"

*„Alles vermag ich durch ihn,
der mir Kraft gibt."
(Phil 4,13)*

Vertrauen
HALT FINDEN

5. Bild: Hand umklammert den Felsen

In den Griff bekommen.
Der Fels hält mich fest,
wenn ich mich
an ihm festhalte;
er kann mich nur festhalten,
wenn ich mich festhalte.
Wenn ich ihn nur berühre,
kann mich seine Kraft
nicht halten.
Ich muß den Felsen ergreifen,
fest in den Griff bekommen;
dann beginnt das Wechselspiel:
Das, was ich ergreife,
ergreift mich.
In der Ergriffenheit
fließen die Kräfte:

Mit meiner Hand ergreife ich das,
was stärker ist als ich;
ich halte mich fest
und werde dadurch
ganz und gar festgehalten.
Alle Ungehaltenheit
ist überwunden.

„Halte dich an ihm fest;
denn er ist dein Leben."
(Dtn 30,20)

Vertrauen
HALT FINDEN

6. Bild: Fuß, der auf dem Fels Tritt faßt

Tritt finden.
Wenn ich den Felsen betrete,
auf ihm einen Tritt finde
und mich von ihm tragen lasse,
macht er mich standfest
und standhaft.
Er gibt mir Beständigkeit,
so daß ich bestehen kann
im Geröll.
Im Geröll des Lebens
brauche ich einen Standort,
einen festen Standpunkt,
damit ich bestehen kann.

Und doch
darf ich nicht stehenbleiben;
ich muß weitergehen,
weiterkommen:
fort-schrittlich sein.
Wer stehenbleibt,
verkommt.
Neue Tritte finden,
neue Standpunkte beziehen –
auf dem Felsen,
dem ich vertraue,
der mich zum Fort-Schritt
ermuntert,
weil er mich immer wieder
standhaft macht!
Das Leben schreitet fort;
es führt immer weiter,
immer höher.
Wer das Erreichte
nicht verlassen kann,
kann Höheres nicht erreichen.

„Er stellte meine Füße
auf den Fels,
machte fest meine Schritte."
(Ps 40,3)

Vertrauen
HALT FINDEN

7. Bild:
Mensch, auf Felsen sitzend

Sich niederlassen.
Der Fels ist verlässig,
zu-verlässig;
er gibt nicht nach
und weicht nicht zurück.
Ihm kann ich mich lassen;
auf ihn kann ich mich verlassen;
auf ihm kann ich mich
niederlassen.
Der Fels gibt mir Gelassenheit.
Ich kann in Ruhe
gelassen werden.
Der Fels trägt meine Last;
er trägt mich mit meiner Last;
er trägt mich.
Er nimmt mir alle Last ab;
ich bin entlastet.
Der schwere Fels
erleichtert mich.
Alles, was mich belastet,
wird leichter leicht:
Es gibt Augenblicke,
da fühle ich mich schwebend,
frei, entspannt –
durch die Kraft,
die mich trägt.
Diese Kraft ist immer da,
jedoch spüre ich sie oft nicht,
vielleicht, weil ich sie
zuwenig suche
und ihr zuwenig vertraue.
Vielleicht bin ich
noch unerträglich,
noch nicht bereit,
mich tragen zu lassen.

*„Kommt alle zu mir,
die ihr euch plagt
und schwere Lasten zu tragen habt,
Ich werde euch Ruhe verschaffen."*
(Mt 11,28)

Vertrauen

HALT FINDEN

8. Bild: Mensch, auf Felsen stehend

Selbständig sein.
Ich stehe,
doch nicht ich,
– der „Fels" steht in mir.
Der Fels,
die ewige Haltekraft,
macht mich selbst zum „Felsen".
Gott ist mein Fels.
Er, der die Felsen schuf
und in ihnen und durch sie wirkt,
ist die Kraft meines Lebens.
In ihm bin ich fest gegründet.
Er hält mich, wenn ich stehe.
Er richtet mich auf,
wenn ich gefallen bin.
Er trägt mich
durch Krankheit, Leid und Tod
hindurch.

Er ist der Halt in mir
nicht nur für mich,
sondern auch für die anderen.
Wenn ich die anderen ertrage,
spüre ich am meisten,
daß ich selbst Halt habe
und gehalten bin.
„Ertraget einander in Liebe!"

*„Wer auf den Herrn vertraut,
steht fest wie der Zionsberg,
der niemals wankt,
der ewig bleibt."*
(Ps 125,1)

ZUFRIEDEN SEIN

Harmonie, Selbstfindung, Erlösung

Einführung

Die Frage nach dem Frieden führt uns mitten in das Spannungsfeld Wolf und Schaf. Wer Frieden will, muß um den Frieden kämpfen und darf den Kampf nicht scheuen (Frieden „machen"). Andererseits verlangt der Friede gleichzeitig Verzicht auf Macht, Geduld, Nachsicht, Vergebung und Ergebenheit. Nur wenn die beiden Kräfte, die aktiven und passiven, harmonisch zusammenwirken, kann Friede entstehen. Dies gilt für den Großraum der Völkergemeinschaft wie auch für den personalen Raum zwischen Mensch und Mensch und für das Spannungsfeld in mir selbst. Ist der Friede machbar, was ist beim Frieden machbar und was nicht? – Das sind Fragen, die letztlich in die Glaubensentscheidung des einzelnen führen, Fragen, die mit den Argumenten der Vernunft allein nicht mehr beantwortet werden können. Woher kommt der Friede? Die Frage führt uns in ein weiteres Gegensatzpaar: innen und außen. Ohne inneren Frieden, ohne echte „Zufriedenheit" des Menschen kann es keinen äußeren Frieden geben. Aber auch umgekehrt gilt: Kein Mensch kann in der Regel den inneren Frieden haben, wenn er dauernd im äußeren Konflikt und in ungerecht empfundener Behandlung leben muß. Kommt der Friede von außen oder von innen? Unter welchen Bedingungen kann ein Mensch „friedlich" werden? Folgender Aussage werden alle Menschen zustimmen können: Ein Mensch wird dann friedlich und kommt dann zur „Ruhe" (Harmonie in sich und mit anderen), wenn Ur- und Grundbedürfnis erfüllt sind: wenn er sich total und bedingungslos angenommen weiß und sich deshalb auch selbst so annehmen kann, wie er ist. Der geliebte Mensch kann auch mit sich selbst liebend umgehen; er muß nichts mehr verdrängen; er kann seine Fähigkeiten und Unfähigkeiten so einsetzen, daß sie dem Frieden dienen; er „muß" nicht mehr hassen, weder sich selbst noch andere; er kann so streiten, daß es für alle Beteiligten ein Gewinn ist und daß auch Niederlagen akzeptiert werden; er muß nicht immer recht haben; er kann Irrtum und Schuld zugeben, weil Irrtum und Schuld sein dürfen. Auf die Frage: Wo entspringt der Friede? wird man wohl antworten müssen: der Friede entspringt im Menschen, der sich geliebt weiß und dadurch liebend wird. Solidarität, Gerechtigkeit und Toleranz sind gewiß Bedingungen des äußeren Friedens, aber sie sind bereits Früchte des inneren Friedens. Hier wird die Friedensfrage zur ganz konkreten Glaubensfrage: Ist das

Kein Friede ohne Zufriedenheit

Harmonie, Selbstfindung, Erlösung

ZUFRIEDEN SEIN

absolute und totale Angenommensein (Geliebtsein) machbar, oder ist es Gnade, Geschenk; kann ich es fordern, oder „muß" ich mir es schenken lassen; muß ich vertrauend glauben, oder muß ich nur vernünftig handeln? Das vernünftige Handeln ist natürlich auch für den Glaubenden wichtig. Aber die Vernunft allein kann höchstens Gleichgewichte schaffen und mit Macht erzwingen, jedoch nicht Liebe und Angenommensein.

Urvertrauen als Ursprung des Friedens

Wenn wir die Frage nach dem Frieden einmal negativ stellen, eröffnet sich vielleicht leichter die Einsicht in den Ursprung des Friedens: Woher kommen Unfriede, Haß und Feindschaft? Aus den Erfahrungen unserer innerlichen und äußerlichen Zerrissenheit ergibt sich eine Antwort: Angst, Mißtrauen und Zweifel zerstören die Harmonie in uns und um uns. Die Angst vor Verlust (Machtverlust, Konsumverlust, Verlust an Glück, Zuwendung, Besitz, Gesundheit, Leben, Selbstverlust usw., kurz: die Lebensangst in allen Varianten) raubt uns den Frieden. Man kann auch den Haß als ein Produkt der Angst verstehen. Der Mensch spürt, daß er sein Glück, seine Harmonie (Selbstbejahung, Identität), Zufriedenheit und seinen Frieden nicht selbst erzeugen kann, und so entsteht aus dem Abhängigkeitserlebnis die Angst. Die Angst verleitet nun den Menschen, sein Glück selbst in die Hand zu nehmen und mit den eigenen Kräften zu erzwingen. Dabei gerät er dauernd in neue Konflikte und Ängste, und am Ende steht das Scheitern am sinnlosen Leben (Depression, Sucht, Mord und Selbstmord). Das Ich des Menschen wird von Ängsten und Zweifeln gepeinigt und es gelangt nicht mehr zu sich selbst. Meine Qual und Pein bestehen gerade darin, daß ich dauernd spüre, es müßte und könnte ganz anders sein, es müßte und könnte Zufriedenheit, Selbstfreude und Daseinsfreude geben. Ich muß immer wieder erfahren, daß ich in meinen Angsthandlungen gerade das zerstöre, was ich erreichen will. Das ist die Hölle schon jetzt auf Erden.

Jede Angst birgt in sich aber auch einen positiven Impuls: den Impuls zu vertrauen. Die Angst führt auch immer an einen Scheideweg: Soll ich mich im letzten nur auf die eigene Kraft verlassen, oder soll ich im allerletzten dem Leben, Gott, trauen? Das Vertrauen auf die eigenen Kräfte ist insofern naheliegender, weil gewisse (vermeintliche) Garantien bei mir selbst liegen; wenn ich dem Leben, Gott, vertrauen will, muß ich „blind" vertrauen. Ich muß mich ganz Gott lassen, ohne Gott zu beurteilen und zu bewerten. Wenn ich zuerst prüfe, ob mir Gott so entspricht, daß ich ihm vertrauen kann, kann ich bereits nicht mehr vertrauen.

Harmonie, Selbstfindung, Erlösung

ZUFRIEDEN SEIN

Andererseits sehnt sich jeder Mensch nach einem totalen blinden Vertrauen, weil jeder spürt, ich bin erst glücklich, zufrieden und geborgen, wenn ich jemandem total und bedingungslos vertraue, bei dem ich nicht mehr nach Gut und Böse fragen muß.

Dieses totale, bedingungslose Vertrauen ist das Ur-Vertrauen. Menschen, die eine glückliche Kindheit erleben durften, kennen dieses Vertrauen. Darum nennt man es auch kindliches Vertrauen. Wenn Jesus sagt: „Wenn ihr nicht werdet wie die Kinder, könnt ihr nicht ins Himmelreich eingehen", gibt er uns zu verstehen, daß alles Glück auch jetzt schon untrennbar mit dem Urvertrauen verknüpft ist. Die „selige" Kinderzeit ist ein Stück Himmel durch das Urvertrauen. Dieser Himmel geht zu Ende mit der Ablösung des Urvertrauens, wenn die Kinder erleben müssen, daß die Eltern oder Bezugspersonen nicht vollkommen, nicht Gott, sind. Man kann nie einem Menschen auf die Dauer „urvertrauen"! Menschen sind durch totales Vertrauen immer überfordert. Die notwendigen Ent-Täuschungen geben den Weg frei, damit ich mein Urvertrauen schließlich auf Gott richte, der mir gute Eltern oder liebe Menschen als Boten (Engel) geschickt hat, aber nicht, daß ich an ihnen kleben bleibe, sondern damit ich durch sie ermuntert werde, mich letzten Endes ganz in Gott „festzumachen".

Auch wer keine glückliche Kindheit erleben durfte, hat vielleicht gerade aus den negativen Erlebnissen die tiefe Sehnsucht nach Urvertrauen, die Sehnsucht nach jemandem, der nicht enttäuscht. Obwohl eine unglückliche Kindheit mit schuld ist, wenn ein Menschenleben scheitert, und wenn eine glückliche Kindheit ein guter Start fürs Leben ist, so kann man nie behaupten, daß ein Mensch mit unglücklicher Kindheit zum Scheitern verurteilt ist. Das Risiko, ganz Gott zu vertrauen, ist für alle im Prinzip gleichschwer. Auch Menschen, die gute Eltern und Bezugspersonen erfahren durften, kann es schwer fallen, sich abzulösen.

Nun gibt es aber auch die Erfahrung des Friedens in den „himmlischen" Augenblicken unseres Lebens, in den Augenblicken des echten Glücks, der wahren Liebe. Wenn ich glücklich bin, bin ich zufrieden, und wenn ich zufrieden bin, bin ich glücklich. Man muß darauf achten, daß man Zufriedenheit nicht mit Sattheit verwechselt. Sattheit und Sättigung sind bis zu einem gewissen Grad machbar, nicht aber die Zufriedenheit. Es kann sein, daß ich in der Sättigung (Triebbefriedigung) auch Zufriedenheit erlebe; es kann aber genauso sein, daß mich die Sättigungen immer unzufriedener machen, wie wir es in unserer fast ausschließlich konsumorientierten Zeit so häufig erleben. Andererseits kommt es aber

Harmonie, Selbstfindung, Erlösung

ZUFRIEDEN SEIN

auch vor, daß Menschen in äußerer Not, in Behinderung und Krankheit, zufrieden werden und „Sättigung" nicht mehr nötig haben.

Auch wenn diese „himmlischen" Augenblicke vergehen, so sind sie doch die große Einladung und Ermunterung zum Urvertrauen. Diese Augenblicke sind die Stellen, wo das Irdisch-Vergängliche „undicht" wird und wo das Ewige aufblitzt in unserer sonst so dunklen irdischen Vergänglichkeit. Wenn ich nur einen Augenblick die Sonne gesehen hätte, dann könnte ich aus diesem Augenblick die Hoffnungsgewißheit und das Urvertrauen gewinnen, daß es die Sonne gibt, die immer scheint, und daß mir nur vergängliche Wolken den Blick verstellen. Mit diesem Urvertrauen, daß die letzte, umwandelbare Wirklichkeit die absolute totale Liebe ist, kann ich die „lange Weile" zwischen den himmlischen Augenblicken überbrücken und sinnvoll, das heißt durch Verwirklichung der Liebe (einschließlich Feindesliebe), gestalten. Das Risiko freilich, den himmlischen Augenblicken zu trauen, muß ich eingehen.

Die christliche Botschaft als Einladung zum Frieden durch Urvertrauen

Im Mittelpunkt der christlichen Botschaft steht die Verkündigung der Erlösung und die Botschaft zum Heil (schalom). So ist die Frage berechtigt: Inwiefern sind wir tatsächlich durch Jesus Christus erlöst? Die Antwort in einem Satz: Jesus offenbart durch sein Leben und Sterben mit aller Härte und mit aller Hingebung die totale, universale und bedingungslose Liebe (Gottes). Die „Botschaft Jesus" ist eine einzige Einladung, zum Urvertrauen zurückzukehren und das Risiko eines totalen, bedingungslosen Glaubens an Gott (die Liebe und das Leben) auf sich zu nehmen. Die größte Zumutung bei diesem Glauben an die absolute Liebe ist die Tatsache, daß Gott alle Menschen, das heißt die jeweils anderen auch, also Andersdenkende oder Andersgläubige, meine Feinde, Verbrecher usw., liebt. Die Annahme der Liebe Gottes ist gleichbedeutend mit der Rückkehr zum Urvertrauen. In dem Maß, als ich die absolute Liebe annehme, werde ich unfähig zu hassen und fähig, Feinde zu lieben. Ich kann auf die Rache-Gerechtigkeit verzichten und werde fähig zur Gnaden-Gerechtigkeit, die dem Verbrecher und Sünder die Konfrontation mit sich selbst und die Selbstannahme (als Verbrecher) nicht erspart, sondern erst ermöglicht (im Vergebungsprozeß). Wenn ich die Liebe Gottes annehme, werde ich fähig – wenn auch nur anfanghaft „prinzipiell" –, so zu lieben wie Gott (Jesus). Das Entscheidende bei der Annahme der „erlösenden Liebe" ist die Annahme meiner selbst und meines Lebens in der jeweiligen Lebenssituation. Hierin liegt die „Be-Friedung" des Menschen, aus der der äußere Friede erwächst, vom Frieden in der Ehe bis hin zum Weltfrieden. Auseinandersetzungen wird es

Harmonie, Selbstfindung, Erlösung
ZUFRIEDEN SEIN

und muß es immer geben, wo Menschen leben. Aber wenn friedliche Menschen streiten, dient es dem Fortschritt und der Entwicklung; wenn friedlose Menschen streiten und kämpfen, führt dies zu Vernichtung und Untergang, bestenfalls zur Pattsituation der Gleichgewichte.

Die Bibel nennt den durch die Liebe Gottes befriedeten oder (vom Haß und Selbsthaß) erlösten Menschen eine „Neugeburt", einen „neuen Adam", einen „neuen" und „erneuerten" Menschen. Die Friedensbotschaft des Weihnachtsfestes nennt den göttlichen Ursprung des Friedens auf Erden: „Auf Erden ist Friede bei den Menschen seiner Gnade" (Lk 2,14). Im Johannesevangelium bekennt sich Jesus als Friedensbringer und offenbart damit seine Gottheit: „Frieden hinterlasse ich euch, meinen Frieden gebe ich euch; nicht einen Frieden, wie die Welt ihn gibt, gebe ich euch" (Joh 14,27).

Der Friede (Christi) kommt sofort in dem Augenblick und in den Augenblicken, in denen ich eintauche ins Urvertrauen. Der Friede im Menschen ist nicht gebunden an äußere, irdische Bedingungen, die erst noch erfüllt werden müssen; das, was ich habe, genügt, um das Geliebtsein von Gott zu spüren. So macht der Friede auch „genügsam". Und weil Genügsamkeit zu einem gewissen Teil auch lernbar ist, sind alle Übungen der Enthaltsamkeit (des Nicht-haben-Müssens) Friedensübungen.

Wir werden immer wieder erkennen und bekennen müssen, daß wir bestenfalls Anfänger im Frieden sind. Haß, Geiz, Neid und andererseits Bequemlichkeit und Selbstverwöhnung (Wolf und Schaf) fallen immer wieder über uns her bzw. verleiten uns zum Unfrieden. Auch wenn es uns nie gelingt, ins Urvertrauen voll einzutauchen, so haben wir doch die Hoffnung und die feste Zuversicht, daß wir zum vollkommenen Vertrauen gelangen, wenn wir Gott, der vollkommenen Liebe, unmittelbar begegnen. Diese Hoffnung gibt uns Kraft und Mut, mit dem Frieden immer wieder anzufangen. Wenn wir alle auch nur „Anfänger der Friedens" wären, könnte auf Erden Friede werden.

Bei den Betrachtungen dieser Meditation geht es um den Ursprung allen Friedens – von der Du-Beziehung bis hin zur Völkergemeinschaft –, um den Frieden im Menschen. Es geht hier um die Konflikte und um die Versöhnung der Gegensätze im Menschen.

Das Symbol, mit dem die Kontrastharmonie im Menschen deutlich gemacht wird, ist das „Wolfsschaf" oder der „Schafswolf". Durch mein – durch die Liebe – erlöstes Ich gelangen meine zwei Naturen zur

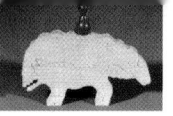

Harmonie, Selbstfindung, Erlösung

ZUFRIEDEN SEIN

Harmonie, in der sie schöpferische Kräfte entwickeln zur Entfaltung des Lebens.

Folgende Beispiele zeigen auf die „zwei Naturen" im Menschen, die mit Wolf und Schaf symbolisiert sind.

Wolf	–	Schaf
„Böse"	–	„Gut"
animus	–	anima
aktiv	–	passiv
hart	–	weich
Verstand	–	Gefühl
machen	–	lassen
fordern	–	erlauben
müssen	–	dürfen
autoritär	–	antiautoritär
emanzipiert	–	angepaßt
Distanz	–	Nähe
Durchsetzung	–	Gehorsam
Gewalt	–	Ergebung
Antipathie	–	Sympathie
verneinen	–	bejahen
zwingen	–	nachgeben
Hemmungslosigkeit	–	Angst
angreifen	–	fliehen
Schlange (schlau)	–	Taube (einfältig)

Niemand und nichts
ist nur gut
oder auch nur böse.
Verdränge nicht das Böse,
sonst verschwindet auch das Gute.
Nimm beides –
nimm dich –
zusammen,
dann ist alles gut,
und das Böse ist verwandelt
durch das Gute.

Harmonie, Selbstfindung, Erlösung
ZUFRIEDEN SEIN

1. Bild: Ein Wolfslamm

oder ein Lammwolf:
Symbol für den Menschen.

Der Mensch
ist irgendwie alles;
geheimnisvoll – unheimlich.
Derselbe Mensch
kann ein Engel sein,
aber auch ein Teufel.
Er ist göttlich in der Liebe,
und wenn die Liebe fehlt,
ist er durch seine Härte
oder Weichlichkeit
das schlimmste Ungeheuer,
das man sich denken kann.

2. Bild: Lamm und Wolf

Zwei Naturen,
zwei Kräfte,
zwei Richtungen von Kräften.

Mein Leben steht
im Spannungsfeld:
Sympathie und Antipathie,
weich und hart,
schwach und stark.
Jede Kraft
wirkt für sich allein
verheerend und vernichtend.
Ich bin verloren,
wenn ich mich nur
von einer Kraft
beherrschen lasse.

Harmonie, Selbstfindung, Erlösung
ZUFRIEDEN SEIN

3. Bild: Überfall

Die Seelenkräfte und Gefühle
überfallen mich
und wollen mich auffressen.
Wolf und Lamm
kämpfen in mir
um mich.
Immer wieder
unterliege ich;
ich fühle mich
mir selbst gegenüber
oft hilflos und ausgeliefert.
Das „Es" ist oft stärker
als das Ich.
Ich will nicht weichlich sein
und auch nicht aggressiv,
und doch bin ich es
immer wieder.

4. Bild: Der Wolf zieht mich

Hart, aggressiv, unnachgiebig –
das Aktive im Menschen.

Ich gehe zugrunde
und richte zugrunde,
wenn ich immer nur angreife
und dagegen bin;
wenn ich rücksichtslos
unterdrücke,
unterwerfe und besiege;
wenn ich nichts anderes
gelten lasse;
wenn ich Konflikte suche.

Habsucht, Rachsucht,
Streitsucht, Eifersucht
zerstören meine Fähigkeit
zu leben und zu lieben;
sie verleiten mich
und ziehen mich ins Verderben.

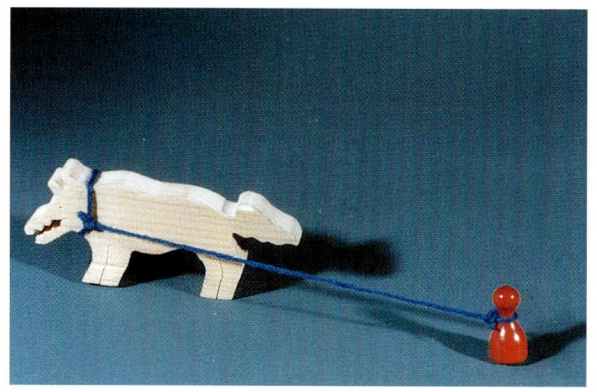

Harmonie, Selbstfindung, Erlösung
ZUFRIEDEN SEIN

5. Bild:
Das Lamm zieht mich

Weich, sanft, nachgiebig –
das Passive im Menschen.

Ich gehe zugrunde
und richte zugrunde,
wenn ich immer nur
nachgebe,
Rücksicht nehme,
mich anpasse und re-agiere;
wenn ich alles
nur geschehen lasse;
wenn ich die Konflikte scheue.
Bequemlichkeit,
Weichlichkeit und
Selbstverwöhnung
zerstören meine Fähigkeit
zu leben und zu lieben;
sie verleiten mich
und ziehen mich ins Verderben.

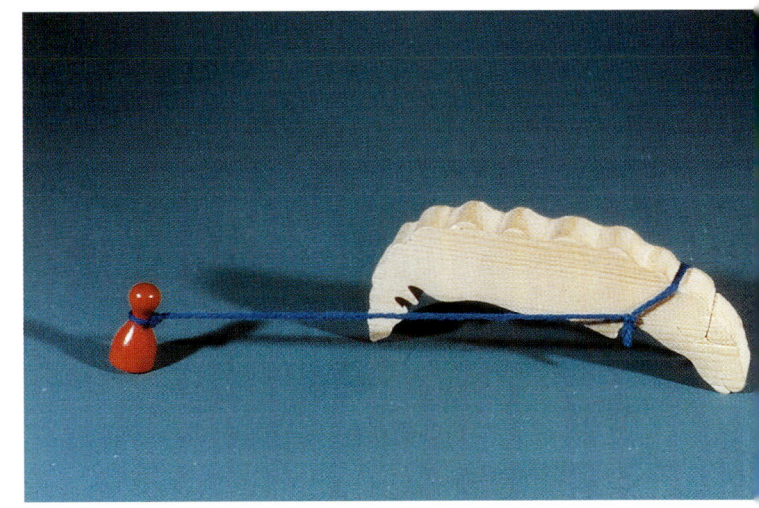

6. Bild: Zerreißprobe

Beide Kräfte
zerren an mir gleichzeitig;
mein Ich
ist hin- und hergerissen.

Was soll ich tun?

Folge ich dem einen,
geht's ins Verderben
folge ich dem andern,
so bin ich auch verloren.
Die Haßliebe
macht mich verrückt:
ich liebe, was ich hasse,
und ich hasse, was ich liebe.
Mit mir stimmt etwas nicht;
ich bin nicht gut „beisammen"!

Harmonie, Selbstfindung, Erlösung
ZUFRIEDEN SEIN

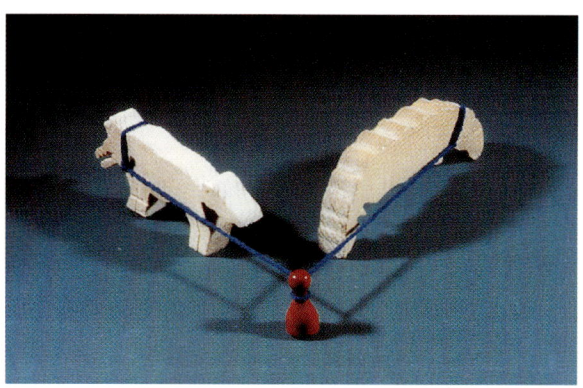

7. Bild: Steuern (Lenken)

Ich muß auf Abstand gehen;
mein Ich muß beide,
Lamm und Wolf,
zähmen,
einspannen
und steuern (lenken).
Richtig gesteuert
zieht mich keiner auf die Seite;
beide
ziehen mich nach vorne.
Jede Kraft
wirkt auf ihre Weise,
aber erst zusammen
bewirken sie das wahre Gute.

8. Bild: Ich bin zufrieden

Die Kraft zum Steuern
ist die dritte Kraft,
die alles ordnet
und den Frieden bringt:
die Kraft der Liebe.
Ich kann sie selbst
nicht erzeugen;
sie ist da,
doch muß ich an sie glauben.
Wer an die ewige Liebe glaubt,
ist schon gerettet;
wer nicht glaubt,
hat sich selbst schon verdammt.
Nur durch die Liebe
bin ich „gut beisammen".
Gott ist die Liebe.
Er schenkt den Frieden
und das „Zum-Frieden-Sein".

Harmonie, Selbstfindung, Erlösung
GLÜCKLICH WERDEN

Einführung

*Das Glück ist kein Verdienst,
sondern ein Geschenk des Lebens,
das dem zuteil wird,
der dem Leben dient,
ohne zu berechnen.*

Statt „Glück" könnte man auch „Himmel" sagen; glücklich sein heißt „im Himmel" sein schon hier auf Erden. Glücklich ist, wer sich selbst so, wie er ist, ohne Angst und Verdrängung annehmen kann – und die anderen auch. Es gibt wohl in jedem Menschenleben die glücklichen, „hochzeitlichen" Augenblicke, in denen das Glück „drin" ist. Aber diese Augenblicke vergehen zusammen mit ihrem Glück, und sobald man sie „machen" oder festhalten will, vertreibt man sie. Aber aus diesen Augenblicken kann man sozusagen das herausdestillieren, was das Glück ist, nach dem sich alle sehnen: Spüren, daß ich bedingungslos und unverlierbar, das heißt absolut, geliebt bin.

Was ist Glück?

Die Sehnsucht nach Glück macht deutlich, wie einfach der „wahre, alleinseligmachende" Glaube ist: Daß ich glaube, daß *Gott* die Liebe ist, die ich in den Augenblicken des Glücks ganz menschlich, sinnenhaft erfahre. Dabei muß ich allerdings unterscheiden zwischen den seelischen und körperlichen Gefühlen und der geistigen Kraft der Liebe („Ja-Kraft"), die ich durch die Sinne erfahre. Wenn ich an die absolute Liebe glaube und sie nicht mit Lust, Konsum und Gefühl verwechsle (die natürlich auch dazugehören) und wenn ich mich an der Liebe selbst, an Gott, festmache, dann werde ich immer mehr fähig, alle Geschöpfe und die ganze Welt, ähnlich wie Franziskus, als Zeichen ewiger Liebe zu erkennen und zu erleben.

Das Glück kann man ebensowenig wie die Sonnenstrahlen in Säcke füllen und heimtragen. Man kann das Glück und die Liebe nicht „machen" und man kann sie nicht „haben" wie einen Konsumartikel, den man besitzt. Doch wenn ich immer wieder versuche, die Wirklichkeit der Liebe zu unterscheiden von den sinnenhaften Erlebnisweisen der Liebe, dann kann allmählich das *Bewußtsein* entstehen, ewig und unverlierbar geliebt zu sein (Urvertrauen). „Mit ewiger Liebe habe ich dich geliebt, darum habe ich dir so lange die Treue bewahrt" (Jer 31,3). Dieses Bewußtsein kann so stark werden, daß darin alle Probleme unseres vergänglichen Daseins (Leid, Tod, das Böse usw.) versinken wie die Steine im See. „Glücksphänomene" sind die „Heiligen", die durch ihren star-

*Wie „geht"
Glück?*

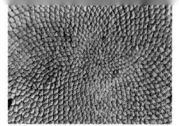

Harmonie, Selbstfindung, Erlösung
GLÜCKLICH WERDEN

ken Glauben an die absolute Liebe glücklich („selig", „heil-ig") geworden sind. Vor allem durch diesen Glauben sind sie uns Vorbild und Ermutigung.

Biologisch gesehen entstehen Glücksgefühle durch das Gehirn, das Stoffe absondert, die die gewünschten Gefühle hervorrufen. Natürlicherweise werden diese Stoffe abgesondert durch Lernen und Erfahrung. So trainiert z.B. der Sportler, das heißt, er übt und lernt und gelangt zu Erfahrungen, die ihm den Erfolg und das Leistungserlebnis ermöglichen. Und diese Leistungserfahrung bewirkt Glücksgefühle. Es ist nicht der Sinn des Daseins, sich die Glücksgefühle durch Drogen zu „stehlen" und süchtig zu werden, sondern sich das Glücksgefühl „ehrlich" durch Lernen und Anstrengung zu verdienen. Sport, Arbeit, Training, Verzichtübung sind also wichtige körperliche Voraussetzungen für natürlich gewonnene Glücksgefühle und für die Bewahrung vor der Sucht.

Ferner ist für die Entstehung von Glücksgefühlen die Weltanschauung, das heißt die positive oder negative Grundeinstellung zum Dasein von ausschlaggebender Bedeutung. Hier wird bereits die religiöse Dimension der Glückserfahrung sichtbar. – Schließlich ist aber doch zu beachten: Glücklich-Sein ist mehr als das Haben von Glücksgefühlen. Glück ist das Wissen und das Bewußtsein, ewig geliebt zusein. Dieses Glaubenswissen deutet einerseits unsere Gefühle, andererseits ermöglicht es positive Gefühle, die auch gleichzeitig bei Leiderfahrung möglich sind.

So, wie sich die Sonnenblume immer nach der Sonne richtet und sich der Sonne zuwendet, bis sie schließlich selbst Sonne wird, so werden wir durch unseren Glauben und unsere Zuwendung zur ewigen Liebe selbst Liebende: Wir erfahren uns als Geliebte vor allem dann, wenn wir die Liebe weitergeben. Wenn wir an die absolute Liebe glauben, können wir in der Jesusgestalt der Bibel die Verkörperung dieser Liebe entdecken. Der christliche Glaube ist an sich ein „Glücksglaube" für alle Menschen, der alle Menschen in das Urvertrauen zurückholen könnte, weil er die Erfüllung der Sehnsucht aller Menschen ist. Durch die menschliche Schwachheit und Bosheit wurde und wird dieser Glaube jedoch oft so verdunkelt und verfälscht, sodaß jeder selbst dafür sorgen muß, daß er den Gott der Liebe findet, der sich in Jesus verkörpert. Ein Hindernis des Glaubens birgt der Glaube selbst für viele in sich: daß Gott *alle* Menschen liebt, die guten *und* die bösen (die wir als böse verurteilen!), – die jeweils anderen auch, auch meine Feinde.)

Harmonie, Selbstfindung, Erlösung
GLÜCKLICH WERDEN
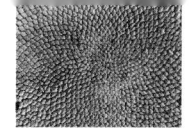

Die grundsätzliche Antwort wurde schon gegeben: Dem Leben dienen, ohne zu berechnen. Anders ausgedrückt: sich der Liebe ganz und gar auszusetzen, so, wie sich die Sonnenblume der Sonne aussetzt. Dieses Sich-Aussetzen muß eine „gute Gewohnheit" werden; es muß eingeübt werden und eingehen ins „Regelverhalten", damit es wirksam wird. Dies geschieht auf folgenden Gebieten:

Beten. Ich muß Gott loben, bitten und danken, damit *mir* bewußt wird und bewußt bleibt, daß Glück ein Geschenk ist und daß Gott der Ursprung meines Glücks ist. Hier wäre viel zu nennen, was heute bekannt geworden ist unter folgenden Begriffen: Meditation, Mantragebet („Stoßgebete", kurze Gebetssätze, die ständig wiederholt werden), Christusgebet, Kerngebete („Vaterunser"), Entspannungsübungen mit religiösen Inhalten, positives Denken usw.

Fasten und Feiern. Durch die Verzichtübung und durch die Übung körperlicher Disziplin, durch die Übung des „Nicht-haben-Müssens", werden wir bewahrt von Konsumabhängigkeit und Sucht, wir bleiben frei, und die Sinne bleiben offen für das Symbolgeschehen des Feierns. Beim Feiern erleben wir durch Zeichen, Bilder und Symbole und durch das Wort die Wirklichkeit der ewigen Liebe, die „erfaßbar" und „be-greiflich" geworden ist in der Menschwerdung Gottes. Durch das Feiern werden auch alle unsere natürlichen Nähehandlungen „geheiligt"; sie werden zum Ort und zu der Weise, wo und wie wir Gott als die „Nähe" erleben.

Teilen. Weil Gott alles allen schenkt, können wir die Liebe nur erfahren, wenn auch wir – wenigstens grundsätzlich – zu teilen bereit sind. Was jemand hat, erfährt er erst, wenn er es gibt.

Was kann man tun, um glücklich zu werden?

Harmonie, Selbstfindung, Erlösung
GLÜCKLICH WERDEN

1. Bild: Keimende Sonnenblumen

Da-Sein.
Das Leben geht an,
geht auf in dieser Welt.
Es sprengt alle Schalen
und setzt sich durch.
Das Leben ist *da*.
Die Kraft der Sonne
erweckt im Schoß der Erde
immer wieder neues Leben,
damit es *lebt*.

Die Kraft der ewigen Liebe
erweckt unzählig viele Menschen
zum Leben,
damit sie geliebt
und liebend glücklich werden:
Ich bin auf Erden,
damit ich erfahre,
daß ich ewig geliebt bin,
damit ich glücklich werde
und mich freue, daß es mich gibt.

Harmonie, Selbstfindung, Erlösung
GLÜCKLICH WERDEN

2. Bild:
Pflanze in der Sonne

Ein Platz an der Sonne.
Die Sonne bewirkt alles Leben,
und alles, was leben will
und leben soll,
braucht einen Platz an der
Sonne.
Aber die Sonne kommt und geht,
und wo viel Licht ist,
ist auch viel Schatten.

Die Sonne ist hier;
wir haben ihre Strahlen,
aber wir erleben:
sie ist nicht *von* hier,
sie kommt und geht.
Sie hinterläßt uns ihre Kraft
und macht uns kräftig,
so wirkt sie in uns weiter
auch in kalter Nacht.
Nur die Sonne selbst
ist schattenloses Licht,
sie geht sich selbst nicht unter
in unserer Weltenzeit.

Im Gegensatz von Tag und Nacht,
von Licht und Schatten
erleben wir,
daß wir Sonne *haben,*
aber nicht Sonne *sind.*
Ich kann das ewige Licht,
die ewige Liebe,
in mich aufnehmen
und in mir bewahren.

Im Licht betrachtet,
von der Liebe her gesehen,
haben auch Schatten,
Finsternis und Kälte einen Sinn.
Das Licht gibt der Finsternis
den Sinn,
aber nicht die Finsternis
dem Licht:
Die Finsternis kann zum
Ort des Lichts werden,
aber das Licht nicht zum
Ort der Finsternis.
Ich kann Licht
in die Finsternis bringen,
aber nicht Finsternis ins Licht.

Harmonie, Selbstfindung, Erlösung
GLÜCKLICH WERDEN

3. Bild:
Sonnenblume von unten

„Auch der Schatten
ist ein Kind des Lichts!"
Von unten, vom Schatten aus,
sieht man erst,
wieviel Licht die Pflanze braucht
und bekommt.
Unsere „Schattenseiten" verraten,
wie viel Licht, wie viel Liebe,
wir brauchen;
Das Licht, die ewige Liebe,
wäre da,
aber wir halten unsere Blätter, –
unsere Sinne,
unsere „Lichtorgane",
oft nicht ins Licht,
sondern in den Schatten.
Seid Kinder des Lichts!
(Vgl. Joh 3,20; 8,12; 12,36)

4. Bild: Knospe

Erwartung.
Das Leben, das die Sonne wirkt,
strebt immer hin auf Hochzeit,
Höhepunkt, Ekstase.
Das Leben hier auf Erden
ist immer wieder
ein Warten, Sehnen nach
dem Augenblick des Glücks –
ein Hoffen auf ein Mehr als das,
was ist;
ein Hoffen auf Entfaltung
und Erfüllung.

Harmonie, Selbstfindung, Erlösung
GLÜCKLICH WERDEN

5. Bild: Volle Blüte

Hochzeit.
Der Höhepunkt ist da:
voll aufgeblüht.
Die Sonne hat sich
der Sonnenblume mitgeteilt
und in ihr Gestalt angenommen.
Die Sonnenblume
wendet ihr Gesicht
immer der Sonne zu:
Wer immer in der Sonne ist,
wird selbst eine.

Nur ein glücklicher Mensch,
der die Sonne in sich hat,
kann andere beglücken.
Und andererseits macht erst
das Beglücken glücklich.
Doch wo ist der Ursprung
der „Beglückungskette"? –
Wo ist der
„erste unbeglückte Beglücker"?
Erst wenn ich zur Sonne selbst,
zur ewigen Liebe, gelangt bin,
wird das Glück unverlierbar.

Harmonie, Selbstfindung, Erlösung
GLÜCKLICH WERDEN

6. Bild: Welkende Blüte

Erinnerung.
Der Augenblick vergeht;
das gehört zu seinem Wesen.
Höhepunkte sind nur Punkte,
keine Linien!
Im Augenblick des Glücks
ist alles da,
wonach sich jeder sehnt:
die Sonne, die absolute Liebe.

Der „gotthaltige" Augenblick
vergeht,
aber Gott vergeht nicht,
wenn wir an ihn glauben:
Er, die ewige Liebe, ist der Kern,
das „Innere" des Augenblicks,
den wir als Glück erleben.

Wenn wir uns „er-innern",
das heißt,
wenn wir festhalten am Inneren
des vergangenen Augenblicks,
dann geht die Liebe und
das Glück nicht mehr verloren.

Ich bin mir bewußt,
daß Gott mich ewig liebt,
auch wenn ich verblühe und
meine Sinne nichts mehr spüren.
Und andererseits macht mich der
Glaube an die ewige Liebe fähig,
noch viele neue,
andere Augenblicke zu erleben
und auch in kleinen Zeichen
die große Liebe zu erkennen.

Harmonie, Selbstfindung, Erlösung
GLÜCKLICH WERDEN

7. Bild: Kerne

Weitergabe.
Unmittelbar aus der Blüte
kommt die Frucht.
Das Glück der Liebe
wird in irgendeiner Weise
immer fruchtbar
als Keim und Kraft zu neuem
Leben, zu neuem Lieben.
Für sich allein
kann niemand glücklich sein.
So ist auch der Mensch
in seinem Ursprung
nicht Produkt der Eltern,
sondern ein Geschenk
der ewigen Liebe,

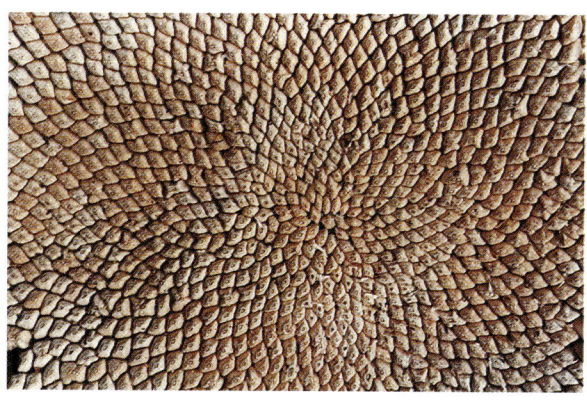

welche die Eltern
als den „Kern" des Glücks
erfahren durften.

8. Bild:
Gefällte Sonnenblume

Fort-Schritt.
„Tot" – sagen die,
die nichts verstehen.
Auch auf meiner
hingestreckten Größe
ruhen die warmen
Sonnenstrahlen.
Auch jetzt bin ich in der Sonne;
ihre Strahlen machen mich ganz
neu und anders strahlend.

Die ewige Liebe, die mich
in meinem Glück durchstrahlte,
macht auch den Tod
durchsichtig und hell:
Nur das Vergängliche vergeht,
das eigentliche wird
durch den Tod verewigt.

Leben ist immer „Fort-Schritt":
Same, Pflanze, Blüte,
Frucht und Sterben.
Dem „Fortschrittlichen"
geht nie das Glück verloren;
der größte „Fort-Schritt"
des Lebens
ist der Tod.

Harmonie, Selbstfindung, Erlösung
ALL-EINS-SEIN

Einführung

Viele Probleme innerhalb der christlichen Religion und im Vergleich der christlichen Religion mit anderen Religionen lösen sich, wenn es gelingt, die ewige Einheit aller Menschen und aller Geschöpfe und ihre individuelle Vielheit in Raum und Zeit gleichzeitig ins Bewußtsein zu heben. – In dieser Meditation soll die Schnur, die sich in einzelne Fasern auflöst und aus einzelnen Fasern zusammensetzt, als Symbol dienen zur Überbrückung des Gegensatzes zwischen der vergänglichen Einzelheit und der ewigen Alleinheit aller Geschöpfe.

Vom Entweder-Oder zum Sowohl-Als-auch

Man kann das Wesen der Sünde (vgl. „Sonderung") darin erblicken, daß der Mensch die Vorgegebenheit allen Daseins aufteilt in Gut und Böse und dabei die ursprüngliche Einheit von Gut und Böse (Freude und Leid, Lust und Schmerz, Leben und Tod, Einheit und Vielheit der Geschöpfe usw.) aus dem Bewußtsein verloren hat. „Paradiesisch" oder „erlöst" lebt der Mensch, der alles so nimmt, wie es ist und sich ganz einfach freut, daß es ihn gibt im Urvertrauen eines absoluten Geliebtseins. Die Sünde besteht in dem Zweifel, daß ich die Schöpfung als ganze nicht mehr gut finde. Der Sünder (Zweifler) will nun alles nach seinen Vorstellungen „gut" machen, und dabei produziert er die furchtbaren Katastrophen (Kriege, Vernichtung, Ausbeutung usw.), unter denen die ganze Menschheit leidet.

Durch die Offenbarung der absoluten Liebe (in Christus) hätte und hat der Mensch die Möglichkeit – durch die Überwältigung der Liebe –, wieder alles in eins zu sehen und den Zweifel und die Spaltung zu überwinden. Der Zweifel und die Spaltung werden nicht überwunden durch Erklärungen und Ideologien, sondern durch die Rückkehr ins Urvertrauen in der Überwältigung der absoluten Liebe Gottes. Dieses Erlösungsbewußtsein verlangt natürlich den Verzicht auf das Bild vom „strafenden Gott". Dieses Bild vom „strafenden Gott", der (wie die Menschen auch) die Menschen einteilt in gut und böse, entspringt der sündigen Bewußtseinslage des Menschen. Darum entspricht der Glaube an den strafenden Gott dem Menschen mehr als der Glaube an den liebenden Gott, zu dem sich der Mensch durch das Wagnis des Vertrauens erst durchringen muß. Wer an den absolut liebenden Gott oder an die absolute Liebe als die „letzte" Wirklichkeit glaubt, ist erlöst und kann mit offenen Fragen und Problemen glücklich leben. Es wird ihm möglich, in den Entweder-Oder-Problemen des Lebens die Synthese des Sowohl-Als-

Harmonie, Selbstfindung, Erlösung
ALL-EINS-SEIN

auch zu finden. Aber, wie schon bemerkt, diese Synthese gewinnt man nicht durch Erklärungen; sie muß einem „aufgehen".

Eine große Hilfe für viele Lebensprobleme kann es sein, wenn einem die Einheit von allem aufgeht: Einheit ist Vielheit, Vielheit ist Einheit; die vielen individuellen Wirklichkeiten sind im Grunde nur eine, und die eine Wirklichkeit existiert in Raum und Zeit in unendlich vielen individuellen Wirklichkeiten.

Die Schnur dient bei dieser Meditation als Symbol, um auf die Alleinheit alles Wirklichen aufmerksam zu machen: Die Schnur ist nur eine, und gleichzeitig besteht sie aus vielen Fasern, die alle ihr individuelles Dasein mit den individuellen Funktionen haben. Von den Fasern her gesehen laufen die vielen individuellen Funktionen der einzelnen wieder zusammen in die sich stets neu verwirklichende Einheit der Schnur.

Der biblische Begriff vom „Reich Gottes" meint nichts anderes als die Alleinheit (Friede und Solidarität) aller Menschen im „Volk Gottes aus den vielen Stämmen und Nationen". Wichtige biblische Bilder hierfür sind unter anderen: Leib Christi (Paulus); Weinstock, ein Hirt und eine Herde (Johannes); ein Blau aus vielen Steinen (Jesaja, Petrus).

Viele unserer Lebens- (und Todes-) Probleme rühren daher, daß in unserem („sündigen") Bewußtsein Zeit und Ewigkeit auseinanderfallen. Für den sehenden Mystiker sind Zeit und Ewigkeit eins. Gott gibt uns unmittelbar nicht „die Zeit"; er gibt uns täglich einen neuen Tag! Bei Gott sind tausend Jahre wie der gestrige Tag! (Ps 90,4). Im menschlichen Bewußtsein entsteht aus den vielen Tagen die Vorstellung von der „Zeit". Naturwissenschaftlich hat Einstein nachgewiesen, daß die Zeit relativ (auf den Menschen bezogen) ist und daß es keine Gleich-Zeitigkeit gibt. Sofern wir aber ein Zeitbewußtsein haben, stammt natürlich unsere „Zeit" von Gott, auch wenn es sie absolut betrachtet nicht gibt. Durch das Bewußtsein der Zeit, das Kinder allmählich lernen, entstehen auch alle Zeitprobleme wie Hetze, Verlustängste, Zukunftsangst, Todesangst usw. Je mehr es einem Menschen gelingt, in der Gegenwart, also tageweise, zu leben, desto mehr treten die Zeitprobleme in den Hintergrund. Von den vielen Tagen, die wir haben, sind alle „gleich" und doch ist keiner „derselbe". Alle unsere Tage sind einer und doch gibt es einen Fortschritt. Das Symbol der Spirale kann dieses Phänomen verdeutlichen. Wenn es einem Menschen gelingt, zeitlich in der Ewigkeit und ewig in der Zeitlichkeit zu leben, überwindet er viele Probleme, die für den nur dies-

Einheit und Vielheit (Alleinheit) in Zeit und Ewigkeit

Harmonie, Selbstfindung, Erlösung
ALL-EINS-SEIN

seitig eingestellten Menschen unlösbar sind. – Ähnlich müßte man das Raumproblem meditieren: Der eine Raum und die vielen Orte.

Einheit und Vielheit (Alleinheit) der Menschen

Jeder Mensch ist einmalig und ebenso sind die Menschen alle, die es gab, gibt und geben wird, nur einer. „Ihr alle seid einer in Christus Jesus" (Gal 3,28). Durch den Menschen (durch die „Sünde") ist das Universalbewußtsein weithin abhanden gekommen: Der Mensch versteht sich primär als Individuum und nur sekundär (nicht mehr gleichzeitig) als integrierender Bestandteil des Universalmenschen. Die Sehnsucht nach Frieden, Solidarität und Völkergemeinschaft ist zwar vorhanden, aber die Erfüllung dieser Sehnsucht scheitert am Individualismus und Egoismus der einzelnen und der Gruppen. Gott liebt den Menschen, das heißt: alle zusammen und jeden einzelnen ganz persönlich. Würde man diese Gleichzeitigkeit respektieren, könnte man die Menschen nicht mehr einteilen in gute (die Gott liebt und zu denen ich gehöre) und in böse (die Gott nicht liebt, „die anderen", zu denen ich nicht gehöre). Es gäbe keine Feindbilder mehr, weder private noch gruppenbezogene; denn wir alle sind einer, und wenn einer leidet, leiden alle mit (vgl. 1 Kor 12,26), und die Gutheit oder Bosheit des einzelnen betrifft immer alle. Die Erfahrungen und Reifungsprozesse des einzelnen – gestern, heute und morgen – betreffen die ganze Menschheit und „Menschenheit" mit ihrer gesamten Geschichte.

Einheit und Vielheit (Alleinheit) der Religionen

Die Mystiker und Weisen aller Religionen erkennen eine gemeinsame Grundidee, die sich christlich formuliert etwa so ausdrücken läßt: Gott ist die Liebe, die bedingungslos alle Menschen (und Geschöpfe) liebt. Es ist unmittelbar einsichtig: Wenn es einen „einzig wahren" und „alleinseligmachenden" Glauben gibt, dann kann es nur der sein, daß Gott alle (also die jeweils anderen auch!) bedingungslos liebt. Bei verschiedenen Lehrsystemen könnte sich eine religionsübergreifende (= „katholische") Kirche bilden, deren Identität in dieser gemeinsamen Grundwahrheit besteht. In dieser Kirche gibt es keine Feindbilder mehr und alle Menschen werden Schwestern und Brüder. Diese Kirche wäre die Erfüllung und Sehnsucht der Menschen und zugleich das Ziel der christlichen Botschaft. Jesus redet von der einen Herde (Joh 10) und er betet, daß alle eins seien (Joh 17). Dies ist die Herausforderung an die Christen: Wollte Jesus, daß alle „katholisch" werden, oder „daß alle eins seien". Konfessionen und Religionen, die die Einheit wirklich wollen, müssen das Gemeinsame (Gott liebt bedingungslos alle) festhalten und

Harmonie, Selbstfindung, Erlösung
ALL-EINS-SEIN

alles andere relativieren. Wenn Konfessionen und Religionen die eine Wahrheit mit ihren Systemen gleichsetzen, kann es zu keiner Einheit kommen, wohl aber zu sinnlosen Verurteilungen und Kriegen. Für den Christen stellt sich die Frage: Ist Gott „katholisch", „evangelisch" oder sonst etwas geworden, oder ist Gott „Mensch" geworden. Wenn Gott „die menschliche Natur" angenommen hat, dann ist sie der Ort, wo Gott, der „Gott der menschlichen Natur", zu finden ist. Gott als „die Liebe" ist die Erfüllung und Sehnsucht aller Menschen.

Die Zeit ist gekommen, in der gerade die christlichen Kirchen berufen sind, die religionenübergreifende Botschaft von der Liebe zu verkünden, damit die Welt gerettet werde.

Einheit und Vielheit (Alleinheit) in den Beziehungen

Alle Beziehungen werden gestört oder zerstört, wenn das Gesetz der gleichzeitigen Einheit und Vielheit verletzt wird. Eine Beziehung geht zugrunde durch Verschmelzung, wenn die Individualität ausgelöscht wird; wenn einer den anderen einsperrt und nicht mehr selbst leben läßt oder wenn jemand sich so hingibt, daß er selbst nicht mehr leben kann. Leben können und leben lassen! Eine Beziehung geht zugrunde durch Isolation. Der Egoismus zerstört das Wir. Jedes Wir, jede Gruppe hat vorgegebene Gesetze, denen ich mich unterwerfen muß, wenn ich Gemeinschaft will. Eine Gruppe lebt von der Individualität der einzelnen, die im Dialog steht mit allen; sie lebt aber ebenso vom „Gruppengeist", der die Individuen eint und trägt. Wenn Menschen ihre Individualität aufgeben und blind einem Guru folgen, oder wenn ein Guru Menschen hörig macht, geht das Menschsein verloren. Die Gruppe verlangt vom einzelnen „Gehorsam", das ist die Fähigkeit und Willigkeit zu hören. Beim Hören auf Vorgesetzte und Untergebene wird die Eigenverantwortlichkeit nicht ausgeschaltet, sondern im Gegenteil stark gefordert und herausgefordert. Die „Hörigkeit" hingegen ist die Unterdrückung bzw. die Verweigerung aller Verantwortlichkeit. Hierin zeigt sich auch der Unterschied zwischen einer Gemeinde („Sektion" einer großen Gemeinschaft) und einer Sekte. Gemeinde ist eine Einheit von Individuen, die miteinander im Dialog stehen; Sekte ist eine Masse von abhängigen Anhängern, die ihre Selbständigkeit, aus welchen Gründen auch immer, nicht wahrnehmen wollen oder können. Sekten sind ausschließlich, Gemeinden (Sektionen) müssen offen sein.

Das Prinzip von Einheit und Vielheit finden wir schließlich auch in der Vorstellung des transzendenten Gottes. Gott ist selbst Beziehung; von

Harmonie, Selbstfindung, Erlösung

ALL-EINS-SEIN

ihm stammt jede Beziehungskraft. Beziehung ist aber immer mindestens „dreipolig": ein Ich, ein Du und die Kraft, die trennend eint. „Ein Gott in drei Personen", Vater, Sohn und die einende Kraft des Geistes – so versuchen wir das Geheimnis Gott zu fassen. „Eine Person in zwei Naturen" – so versucht die Theologie die Jesuswirklichkeit darzustellen. Jesus ist nicht Mensch oder Gott, sondern Mensch und Gott zugleich.

Einheit und Vielheit (Alleinheit) in der Schöpfung

In die Gedanken von der Einheit und Vielheit der Menschen (vgl. oben) müssen alle Geschöpfe einbezogen werden. Nicht nur die Menschheit, sondern die ganze Schöpfung ist eine Einheit, die vom selben Vater-Mutter-Gott stammt. Wir verwirklichen unser Menschsein vollkommen erst dann, wenn wir zu allen Geschöpfen geschwisterliche Beziehungen aufbauen und unterhalten. Durch die Beziehung zu allen Geschöpfen wird die Erde zum Paradies:

Nicht nur durch Menschen, sondern auch durch alle anderen Geschöpfe kann ich die Liebe meines Schöpfers spüren und erfahren. Wenn ich keinen Menschen mehr habe, um Liebe zu empfangen und Liebe zu geben, dann gibt es immer noch andere Geschöpfe, durch die ich glücklich werden kann, wenn ich sie als Engel, das heißt als Boten Gottes verstehe und entsprechend mit ihnen umgehe. Wer die Schöpfung gläubig erfährt, ist nie mehr allein, weil er all-eins ist mit den Geschöpfen in der Liebe. Weil die Schöpfung eins ist, so wird auch die vernunftlose Kreatur „befreit werden zur Freiheit und Herrlichkeit der Kinder Gottes" (Röm 8,21).

Harmonie, Selbstfindung, Erlösung
ALL-EINS-SEIN

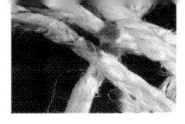

1. Bild: Schnur

Eine Schnur
– *eine ganze* Schnur.
Einheit – Ganzheit.
Die ganze Länge
auf einem Haufen;
große Weite – an einem Ort.
Wo, was ist Anfang,
wo, was ist Ende?
Anfang ist Ende,
Ende ist Anfang;
alles ist eins.

Das Leben – eine Ein-heit,
mein Leben eine Einheit.

2. Bild: Schnur, ganz nah

Die Einheit
ist zugleich Vielheit.
Die Einheit
hat viele Einzelheiten.
Die Einheit
ist strukturiert.

Das Leben ist viel-fältig.

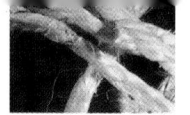

Harmonie, Selbstfindung, Erlösung
ALL-EINS-SEIN

3. Bild:
Schnur, grob aufgelöst

In der Schöpfung
wird das eine Leben in Vielfalt
offenbar.
Die Vielfalt hat Gattungen:
Steine, Pflanzen, Tiere,
Menschen.
Alle haben ihre Eigen-heiten
und doch sind alle ganz bezogen
aufeinander.

Die ganze Schöpfung
ist ein einziger Zusammenhang.

4. Bild:
Schnur, fein aufgelöst

Einheit –
viele Einheiten –
viele Einzelheiten. –
Das eine Sein
ist gegenwärtig
in unendlich vielen „Individuen",
„Unteilbarkeiten".
Das eine Leben
lebt in unendlich vielen
Lebe-Wesen.
Der eine Mensch
ist verwirklicht
in den vielen Menschen.
Einer ist alle,
alle sind einer.

Harmonie, Selbstfindung, Erlösung
ALL-EINS-SEIN

5. Bild: Querschnitt

In einem gedachten
Querschnitt durch
das Leben
erkennen wir im großen
wie im kleinen,
im Makro- und im Mikrokosmos,
die vielen Einzelheiten
in verschiedenen Lebensphasen.
Das Leben ist immer
vielfältig und „jetzig".

Ich kann immer nur jetzt leben, –
„jetzig", im Augenblick.
In jedem Augenblick
bin ich „der gleiche",
aber nie derselbe,
weil das Leben in jedem Geschöpf
immer weiter-lebt.

Harmonie, Selbstfindung, Erlösung

ALL-EINS-SEIN

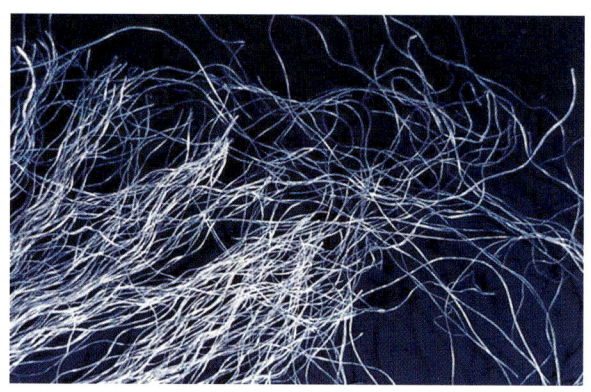

6. Bild: Fasern

Jedes Geschöpf
hat in Raum und Zeit
seinen Anfang und sein Ende.
Jedes Geschöpf ist einmalig
und unvertauschbar.
Jeder Mensch
lebt als einmaliges,
unvertauschbares Ich
im Verbund aller Geschöpfe.

Ich kann die Alleinheit der
Geschöpfe
und die Ewigkeit des Lebens
und die Einmaligkeit
meines Daseins
in meiner Vergänglichkeit
erspüren.

Der Egoist, der „Sünder",
verdrängt die Alleinheit
und die Ewigkeit des Lebens;
er fühlt sich nicht mehr
„solidarisch".

7. Bild: Bunte Fasern

Jedes Geschöpf
hat seine eigene Gestalt,
seine einmalige Geschichte,
sein eigenes Schicksal.

Jeder Mensch
macht seine eigene,
einmalige Erfahrung.
Ich bin ich und du bist du!
Ich muß ganz
ich selbst sein
und ich selbst werden
durch mein Leben.

Das Leben –
das Menschenleben –,
das in mir zum Ich geworden ist,
wird einmal meinen Körper
und den Ort verlassen,
wo es sich verwirklicht hat;
das Verwirklichte selbst,
mein Ich,
ist unvergänglich.

Harmonie, Selbstfindung, Erlösung
ALL-EINS-SEIN

8. Bild: Schnur, mit aufgelöstem Schnurstück

Am Anfang des Erdenlebens
ist alles einzeln geworden
und am Ende wird alles –
werden alle –
wieder eins.
Eins wird einzeln,
das einzelne wird eins.

Jedes Geschöpf
geht mit seinen Erfahrungen,
mit seiner Geschichte,
mit seiner unverlierbaren
Einmaligkeit
ein in die ewige Alleinheit,
in die All-Ewigkeit.

Jeder Mensch
bringt sein Ich gewordenes Sein
in die ewig geliebte
„All-Menschenheit"
in den ewig geliebten
ur-einen Menschen.

Was mich betrifft,
betrifft immer auch alle;
und was alle betrifft,
betrifft immer auch mich.

Alles ist eins –
und das einzelne ist alles.
„Ihr alle seid *einer*
in Christus Jesus" (Gal 3,28).

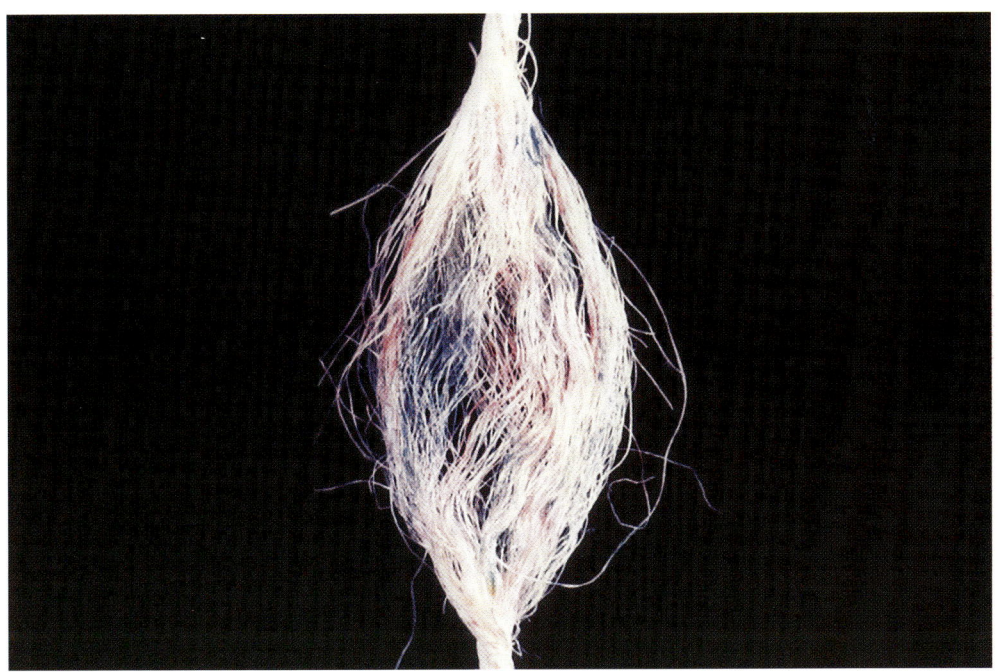

HINWEIS

Die verwendeten Bilder-Meditationen sind unter folgenden Nummern als Dia-Meditationen veröffentlicht:

1. Mit Hindernissen leben
2. Sorget nicht
3. Lieben – Sterben – Leben
7. Leiden können
9. Sinn des Lebens
10. Sich öffnen
11. Glücklich werden
14. Eine Mitte haben
18. Mit dem Kreuz leben
21. Gut und Böse
24. Sich entscheiden
25. Gut dran sein
36. Gerechtigkeit und Liebe
42. Zufrieden werden
43. All-eins-sein

Erhältlich bei:

impuls studio münchen gmbh
Medienproduktion und Vertrieb
Sieboldstraße 11
D-81669 München

ELMAR GRUBER BEI DON BOSCO

Sonntagsgedanken
Betrachtungen und Gebete für alle Sonn- und Festtage
Lesejahr A
272 Seiten, geb. mit Lesebändchen, ISBN 3-7698-1119-4

Menschen brauchen „Kräfte von oben" und „Kräfte von innen", um hier und jetzt leben zu können. Elmar Gruber will mit seinen Sonntagsgedanken helfen, die verborgenen Mut und Freude machenden Kräfte der Sonntagsevangelien zu wecken.

Reiß doch die Himmel auf und komm
Ein Advents- und Weihnachtsbuch
144 Seiten, farbig illustriert, geb., ISBN 3-7698-1056-2

Die Advents- und Weihnachtszeit ist besonders reich an Kunst, Poesie und Symbolen. Sie fordert heraus, nach den Quellen der unzerstörbaren Freude zu suchen. Ausgehend von biblischen Texten helfen meditative Impulse und Gebete auf diesem Weg.

Stärker als der Haß
Geistliche Übungen zu Schuld und Versöhnung
100 Seiten, farbig illustriert, geb., ISBN 3-7698-1086-4

Der Sehnsucht des Menschen nach Geborgenheit und Glück steht die Wirklichkeit von Haß und Vergeltungsgedanken gegenüber. Wer die Kraft des Hasses verwandeln will, braucht die Liebe, die den Haß überwindet. Ein besonderes Meditationsangebot zur inneren Einkehr und Erneuerung.

Lebenswahrheiten
Auf dem Weg zu mir selbst
168 Seiten, farbig, geb. mit Lesebändchen, ISBN 3-7698-0769-3

Kurze prägnante Aussagen laden ein, eigene Erfahrungen mit dem Leben zu überdenken und bisher vielleicht Ungeahntes für sich selbst zu entdecken.

Frei wie ein Schmetterling
124 Seiten, farbig, geb. mit Lesebändchen, ISBN 3-7698-1000-7

Ein wunderschönes, zart illustriertes Buch voller lebensfroher Aphorismen, die bildhaft um Blume und Schmetterling kreisen.

Mein Leben entdecken
Ein Kursbuch
152 Seiten, farbig, geb., ISBN 3-7698-0807-X
Eine Einladung zum Glauben, die Wege aufzeigt, wie die Suche nach Glück und gelingendem Leben ein Ziel finden kann.

Laß Schaf und Wolf zusammen in dir wohnen
Lebensbegriffe meditiert von Elmar Gruber
84 Seiten, kt., ISBN 3-7698-0672-7
Der Weg zur Persönlichkeit führt über viele, oft auch schmerzliche Abschnitte. Orientierung geben in diesem Prozeß „herkömmliche" Werte der christlichen Moral, die als zentrale Lebensinhalte auf ihre immer gültige Bedeutung hin durchleuchtet werden.

Was mich im Leben und im Sterben trägt
Glaubensbegriffe meditiert von Elmar Gruber
56 Seiten, kt., ISBN 3-7698-0671-9
Viele Inhalte der christlichen Glaubenslehre sind uns heute fremd geworden. Hier werden Zugänge zu traditionellen Glaubenswahrheiten eröffnet und diese für unsere jeweilige Lebenssituation erschlossen.

Katechetische Materialien von Elmar Gruber:

Die Firmung

Arbeitsheft für junge Christen
36 Seiten, farbig, geh., ISBN 3-7698-0794-4

Begleitbuch zur Arbeit mit Firmgruppen
136 Seiten, kt., ISBN 3-7698-0795-2

Zeitgemäße Firmvorbereitung muß von der Lebenswelt der Jugendlichen ausgehen: ein bunt gestaltetes Arbeitsheft mit Hintergrundtexten und Arbeitsaufträgen sowie ein Arbeitsbuch mit praktischen Hinweisen zu methodischen, didaktischen und organisatorischen Fragen bietet Hilfe, um den Firmunterricht anschaulich zu gestalten.

Arbeitsheft für die Vorbereitung der Erstkommunion
32 Seiten, illustriert, geh., ISBN 3-7698-666-2
Von den Alltagserfahrungen der Kinder ausgehend geht diese Hinführung zur Erstkommunion den Weg zur Begegnung mit Jesus als Freund und vermittelt ein entsprechendes Eucharistieverständnis.

Arbeitsheft Buße/Beichte
32 Seiten, illustriert, geh., ISBN 3-7698-0665-4
Ein positives und befreiendes Verständnis des Bußsakramentes ist Ziel dieser Hinführung zur Erstbeichte und späteren Vertiefung zur selbständigen Beichte.